Franz Susemihl

Neue platonische Forschungen

Erstes Stück

Franz Susemihl

Neue platonische Forschungen
Erstes Stück

ISBN/EAN: 9783743498631

Hergestellt in Europa, USA, Kanada, Australien, Japan

Cover: Foto ©berggeist007 / pixelio.de

Manufactured and distributed by brebook publishing software
(www.brebook.com)

Franz Susemihl

Neue platonische Forschungen

Wissenschaftliche Beilage

zum

Vorlesungsverzeichniss

der

Universität Greifswald

Ostern 1898.

Neue platonische Forschungen.

Erstes Stück.

Von

Franz Susemihl.

Greifswald.
Druck von F. W. Kunike.
1898.

Schon seit Jahren arbeite ich an einer griechischen Litteratur-geschichte der attischen Zeit nach demselben Plane, nach welchem ich die der Alexandrinerzeit entworfen und veröffentlicht habe. Dies nöthigt mich dazu, auch die platonische Frage von Neuem in Angriff zu nehmen, und zwar zum Theil ausführlicher, als es in jenem Werke selbst geschehen kann. Ich denke über die Lösbarkeit derselben gerade nach ihrem jetzigen Standpunkte nicht im Entferntesten so hoffnungsreich wie der neueste scharfsinnige und in der ganzen einschlägigen Litteratur wie wohl kein Zweiter belesene Bearbeiter[1]. Dennoch kann ich mich dieser Aufgabe nicht entziehen, und ich benutze diese Gelegenheit, um einen Anfang zu machen. Das wird es auch entschuldigen, ja hoffentlich rechtfertigen, wenn ich mich diesmal an dieser Stelle nicht der lateinischen, sondern der deutschen Sprache bediene.

In meiner letzten Aeusserung über diesen Gegenstand[2]) gab ich meine dermalige, von meiner früheren stark abweichende Ansicht über die Zeitfolge der platonischen Schriften so an: Hippias minor, Lysis, Charmides, Laches, Protagoras (vor dem Tode des Sokrates), Apologie, Kriton (bald nach demselben), Gorgias, Menon (395/4)[3]), Euthyphron, Phaedros (393), Euthydemos, Kratylos, Theaetetos, Symposion (385/4), Phaedon, Staat (380—370), Timaeos (nach 368), Kritias, Sophist, Staatsmann, Parmenides, Philebos, Gesetze. Ich

---

1) Lutoslawski, On the origin and growth of Plato's logic, London 1897 (erst während des Druckes dieser meiner Arbeit erschienen).

2) Wochenschr. f. klass. Philol. I. 1884. Sp. 523. A. 19. Vgl. De Platonis Phaedro et Isocratis contra sophistas oratione, Greifswald 1887. S. XI ff.

3) Nicht, wie Zeller Philos. der Gr. II⁴, 2. S. 503 f. A. 4 berichtet: Gorgias (um 394), Menon.

bin auch durch Alles, was seitdem geschrieben ist, im Grossen und
Ganzen nicht sonderlich hieran irre geworden, nur der Versuch un-
seres verehrten Collegen Gercke[4]), zu zeigen, dass der Gorgias
erst nach des Polykrates Anklage des Sokrates, also erst in den
Achtzigerjahren des 4. Jahrhunderts v. Chr. erschienen sei, verdirbt
mir, da ich einen Punkt seiner Begründung nicht ausreichend zu
widerlegen vermag, das Concept. Doch bleibt abzuwarten, wie es
ihm selbst gelingen wird, Siebecks[5]) Entdeckung, dass der Gorgias
im Phaedros citirt werde, als eine bloss scheinbare zu beseitigen und
damit einen anderen, sehr wesentlichen, bisher noch rückständigen
Punkt seiner Beweisführung nachzuholen. Daher gehe ich für jetzt
auf diesen Gegenstand noch nicht ein.

Wohl aber knüpfe ich an Gerckes neueste Abhandlung: Die
alte Τέχνη ῥητορική und ihre Gegner, Herm. XXXII. 1897. S. 341 – 381
aus einem doppelten Grunde an, einmal weil die in ihr enthaltene
Ausführung über Dasjenige, wovon ich auszugehen gedenke, nämlich
die Abfassungszeit des Phaedros, mich der Nothwendigkeit überhebt,
Dasselbe zu sagen, was Gercke bereits wahrscheinlich besser, als
ich es könnte, gesagt hat, zweitens aber auch, weil ich über andere
Punkte seiner Arbeit umgekehrt gleichfalls im Interesse jenes meines
Werkes mich mit ihm polemisch auseinanderzusetzen gezwungen bin,
die freilich den Platon nur in zweiter Linie angehen.

1. Die Rhetorik vor Platon.

Gercke kommt nämlich zu dem Ergebniss, dass gleich der
Τέχνη des Gorgias überhaupt die älteren rhetorischen Lehrbücher,
und so auch sogar das des Polos, nach kurzen theoretischen Einleitungen lediglich Redestücke zum Auswendiglernen für den mehr
oder weniger wörtlichen Gebrauch enthalten hätten. Mir scheint dies
Ergebniss mit der natürlich auch von Gercke für dasselbe benutzten
Hauptstelle Aristot. Soph. el. 34. 183ᵇ 27 ff. sich vielmehr nicht zu
vertragen, in welcher es zunächst von der Theorie der Rhetorik

---

4) In der Einleitung zu Sauppes Ausg. von Platons Gorgias.
5) Philologus XL. 1881, S. 175 ff. Vgl. Untersuchungen zur Philosophie der Griechen², S. 115 ff.

heisst: οἱ μὲν γὰρ τὰς ἀρχὰς εὑρόντες παντελῶς ἐπὶ μικρόν τι προήγαγον· οἱ δὲ νῦν εὐδοκιμοῦντες παραλαβόντες παρὰ πολλῶν οἷον ἐκ διαδοχῆς κατὰ μέρος προαγαγόντων ηὐξήκασι, Τισίας μὲν μετὰ τοὺς πρώτους⁶), Θρασύμαχος δὲ μετὰ Τισίαν, Θεόδωρος δὲ μετὰ τοῦτον, καὶ πολλοὶ πολλὰ συνεντηνόχασι μέρη· διόπερ οὐδὲν θαυμαστὸν ἔχειν τι πλῆθος τὴν τέχνην und dann im Gegensatz dazu von der Dialektik oder Topik, der Theorie der Disputirkunst: ταύτης δὲ τῆς πραγματείας οὐ τὸ μὲν ἦν τὸ δ᾽ οὐκ ἦν προεξειργασμένον, ἀλλ᾽ οὐδὲν παντελῶς ὑπῆρχεν mit der Begründung: καὶ γὰρ τῶν περὶ τοὺς ἐριστικοὺς λόγους μισθαρνούντων ὁμοία τις ἦν ἡ παίδευσις τῇ Γοργίου πραγματείᾳ. λόγους γὰρ οἱ μὲν (näml. Gorgias) ῥητορικοὺς οἱ δὲ (näml. οἱ — μισθαρνοῦντες) ἐρωτητικοὺς ἐδίδοσαν ἐκμανθάνειν, εἰς οὓς πλειστάκις ἐμπίπτειν ᾠήθησαν ἑκάτεροι τοὺς ἀλλήλων λόγους. διόπερ ταχεῖα μὲν ἄτεχνος δ᾽ ἦν ἡ διδασκαλία τοῖς μανθάνουσι παρ᾽ αὐτῶν· οὐ γὰρ τέχνην ἀλλὰ τὰ ἀπὸ τέχνης διδόντες παιδεύειν ὑπελάμβανον, ὥσπερ ἂν εἴ τις ἐπιστήμην φάσκων παραδώσειν ἐπὶ τὸ μηδὲν πονεῖν τοὺς πόδας, εἶτα σκυτοτομικὴν μὲν μὴ διδάσκοι μηδ᾽ ὅθεν δυνήσεται πορίζεσθαι τὰ τοιαῦτα, δοίη δὲ πολλὰ γένη παντοδαπῶν ὑποδημάτων· οὗτος γὰρ βεβοήθηκε μὲν πρὸς τὴν χρείαν, τέχνην δ᾽ οὐ παρέδωκεν. Dann wird das Ganze noch einmal kurz so zusammengefasst, dass das über die Dialektik Gesagte auf die ganze Syllogistik ausgedehnt wird: καὶ περὶ μὲν τῶν ῥητορικῶν ὑπῆρχε πολλὰ καὶ παλαιὰ τὰ λεγόμενα, περὶ δὲ τοῦ συλλογίζεσθαι παντελῶς οὐδὲν εἴχομεν πρότερον ἄλλο λέγειν, ἀλλ᾽ ἢ τριβῇ ζητοῦντες πολὺν χρόνον ἐπονοῦμεν.

Ich kann nämlich den Gedankenzusammenhang hier nur folgendermassen auffassen. Die Theorie der Redekunst hat bereits ihre Geschichte: sogar schon innerhalb der drei ältesten rhetorischen Lehrbücher hat Thrasymachos mit dem seinen Fortschritte über das frühere, immerhin auch schon wirkliche Theorie enthaltende des Tisias und Theodoros wieder mit dem (oder den) seinen über das frühere des Thrasymachos hinaus gemacht. Eine Theorie der

---

6) D. h. Empedokles, s. Aristot Fr. 65 — 54 — 48 Rose. 54 Heitz. Es verdient Beachtung, da doch die πρῶτοι einerlei mit den τὰς ἀρχὰς εὑρόντες sind, dass folglich auch schon Tisias, Thrasymachos, Theodoros mit zu den νῦν εὐδοκιμοῦτες gerechnet werden, zumal da Aristoteles in der Rhetorik keine jüngeren Theoreme als von Theodoros anführt.

Disputirkunst dagegen hat es vor der Topik und den sophistischen Trugschlüssen des Aristoteles nicht gegeben, sondern die Lehrer der Eristik haben es ebenso wie Gorgias unter den Rhetoren gemacht: beide gaben ihren Schülern lediglich Gemeinplätze zum Auswendiglernen, nur dass dies bei Gorgias rednerische, bei Jenen aber disputatorische (ἐρωτητικοί) waren. Weit gefehlt also, dass jene anderen Rhetoren mit Gorgias auf eine Linie gestellt würden, gilt dies vielmehr von den zu ihnen im Gegensatz gebrachten Lehrern der Eristik und ebendamit tritt auch Gorgias selbst zu ihnen vielmehr in Gegensatz. Er konnte folglich gar nicht mit unter ihnen genannt werden, wenn Aristoteles nicht in der seltsamsten Weise sich selbst widersprechen wollte. Dass auch Isokrates unter ihnen fehlt oder höchstens unter den πολλοί mit verstanden werden könnte, ist eines der Anzeichen dafür, dass derselbe, worüber ich jetzt anders als früher denke, eben keine Τέχνη ῥητορική geschrieben hatte. Statt οἱ μὲν (Z. 38) erwartet man sonach allerdings ὃ μὲν, und ich glaube auch, dass Aristoteles so geschrieben hat; schrieb er aber wirklich οἱ μὲν, so geschah es, weil er daran dachte, dass die Sammlung des Gorgias von solchen rednerischen Gemeinplätzen nicht die einzige war, dass es vielmehr auch eine Proömien- und Epilogensammlung von Antiphon dem Rhamnusier gab und sogar von einem jener vorgenannten Theoretiker, nämlich von Thrasymachos, eine schon von dem Komiker Kratinos 422 in seiner Weinflasche (Fr. 185) benutzte Proömiensammlung, nur aber nicht in, sondern neben seiner Techne.

Hiernach lag denn der Schluss sehr nahe, welchen Spengel[7]) aus dieser Stelle zog, es habe auch von Gorgias keine Τέχνη ῥητορική gegeben, und Gercke hat ihn insoweit nicht widerlegt. Die Sache wird aber sogar noch verdächtiger durch eine andere Stelle des Aristoteles, nämlich das lange Fragment (137 = 131 → 119 Rose. 152 Heitz) aus der Geschichte der Rhetorik (Συναγωγὴ Τεχνῶν), welches uns lateinisch in der Paraphrase des Cicero Brut. 12,46 f. erhalten ist: *itaque, ait Aristoteles, cum sublatis in Sicilia tyrannis res privatae longo intervallo iudiciis repeterentur, tum primum, quod esset acuta illa gens et controversa natura, artem et praecepta Siculos Coracem*

---

7) Artium scriptores S. 83 f.

et Tisiam conscripsisse. nam antea neminem solitum ria nec arte, sed accurate tamen et descripte (so Schmitz f. *de scripto*) *plerosque dicere, scriptasque fuisse et paratas a Protagora rerum inlustrium disputationes, quae nunc communes appellantur loci. quod idem fecisse Gorgiam, cum singularum rerum laudes vituperationesque conscripsisset, quod indicaret hoc oratoris esse maxime proprium rem augere posse laudando vituperandoque rursus affligere. huic Antiphontem Rhamnusium similia quaedam habuisse conscripta . . .*[8]) *nam (iam?) Lysiam primo profiteri solitum artem esse dicendi, deinde quod Theodorus esset in arte subtilior, in orationibus autem ieiunior, orationes eum scribere aliis coepisse, artem removisse, similiter Isocratem etc.* Denn hier werden ja der *Ars* und den *Praecepta* des Korax und Tisias die Proömien und Epiloge des Antiphon und die disputatorischen Gemeinplätze des Protagoras und die nicht, wie Gercke (S. 350 f. 354) behauptet, gerichtlichen, sondern epideiktisch-ethischen[9]) des Gorgias, die sich freilich ohne Zweifel auch zur Einlegung in gerichtliche und politische Reden eigneten, ausdrücklich entgegengesetzt, daneben übrigens auch die Theorie des Theodoros sogar als *subtilior* bezeichnet. Wie es zu erklären ist, dass dieser hier nur im Vorbeigehen genannt wird und Thrasymachos gänzlich fehlt, weiss ich nicht.

Nun hat freilich Gercke (S. 344 f.) entdeckt, dass wir aus der nämlichen Darlegung des Aristoteles noch einen anderen Auszug bei Sopatros in Hermog. Rhet. Gr. V, 6 f. W. besitzen, in welchem

---

8) Das hier folgende *quo neminem unquam melius ullam oravisse capitis causam, cum se ipse defenderet, se audiente locupletes auctor scripsit Thucydides* ist ja offenbar ein schon durch das *se audiente* sich kennzeichnender eigener Zusatz des Cicero. Das *quae nunc communes appellantur loci* bezeichnet sich selbst als einen solchen, und daher kommt denn auch der Gegensatz hierzu *singularum rerum* auf Rechnung des Cicero und nicht des Aristoteles die Sammlung des Gorgias umfasste natürlich ebenfalls Gemeinplätze Wie Cicero zu dieser verkehrten Entgegensetzung kam, darüber giebt vielleicht annähernden Aufschluss Or. 36, 126. *communes loci sunt appellati, quod videntur multarum eidem esse causarum, sed proprii singularum esse debebant.* Er glaubte mithin wohl aus dem von Aristoteles Gesagten schliessen zu müssen, dass diese letztere Eigenschaft mehr den Gemeinplätzen des Gorgias als denen des Protagoras zugekommen sei.

9) *Laudes vituperationesque* sagt Cicero nach Aristoteles, und wir haben um so weniger ein Recht, uns über dies Zeugniss hinwegzusetzen, da es sofort durch das Programm des Gorgias näher erläutert wird. S. A. 13.

wir vielmehr lesen: ζῆλος οὖν εἰς τούτους πολὺς τῆς τέχνης γέγονε, καὶ Γοργίας ὁ Λεοντῖνος κατὰ πρεσβείαν ἐλθὼν Ἀθήνησι τὴν τέχνην τὴν συγγραφεῖσαν παρ' αὐτοῦ (näml. Κόραχος) ἐκόμισεν καὶ αὐτὸς ἑτέραν προσέθηκε, καὶ μετ' αὐτὸν Ἀντιφῶν ὁ Ῥαμνούσως ὁ Θουκυδίδου διδάσκαλος λέγεται τέχνην γράψαι. Jedoch mit Unrecht giebt er diesen Satz für ein Zeugniss des Aristoteles selbst zu Gunsten einer Τέχνη des Gorgias aus. Denn es kann doch keinem Zweifel unterliegen, dass in Bezug auf Gorgias und Antiphon vielmehr Cicero das Ursprüngliche treuer bewahrt hat, während es bei Sopatros aus einer anderen Quelle verfälscht ist. Und auch welches diese war, kann nicht zweifelhaft sein, nachdem Rademacher „Timaeus und die Ueberlieferuug über den Ursprung der Rhetorik", Rhein. Mus. LII. 1897. S. 412—419 gezeigt hat, dass alle nicht auf Aristoteles zurückgehenden und vielfach stark von ihm abweichenden Berichte über die älteste Geschichte der Rhetorik, Proleg. in Hermog. IV, 11 ft., Anon. Proleg. stat. VII, 6 f., Doxopatros VI, 11 f. W., einen gemeinsamen Ursprung unter einander und mit Quintil. II, 15, 5 ff. und Sex. Emp. Math. II, 2 ff. haben, und dass in dieser Grundschrift wahrscheinlich, was ja freilich immerhin ungewiss bleibt, Timaeos stark benutzt war. Jedenfalls wenigstens entspricht es ganz dem bekannten masslosen sikelischen Localpatriotismus dieses Mannes, dass in dieser Darstellung, wie Rademacher darlegt, die Bedeutung Sikeliens für die Ausbildung der Rhetorik weit schärfer als bei Aristoteles hervorgehoben wird: erst Gorgias, hier fälschlich als Schüler des Tisias bezeichnet, bringt hier die Kunst nach dem Mutterlande, wie denn auf Timaeos ja auch die bekannten, stark aufgetragenen Schilderungen von dessen Effect in Athen bei seiner Gesandtschaft 427 zurückgehen, wobei er denselben freilich sogar zum Erfinder der rhetorischen Technik macht [10]). Dasselbe zeigt sich nun, wenn auch in etwas anderer Form, auch bei Sopatros, indem er die Techne des Korax erst durch Gorgias bei ebendieser Gelegenheit nach Athen kommen lässt und aus den Gemeinplätzen des Letzteren, abweichend von Aristoteles, eine Techne macht. Die Uebereinstimmung in jenen Berichten tritt überdies darin hervor, dass in diesen von einer schriftstellerischen Thätigkeit des Tisias oder

10) S. Blass Att. Beredsk. I². S. 49. A. 2. Diels Arch. f. Gesch. der Philos. III. 1890 S. 454 f.

richtiger Teisias keine Rede ist und ebenso Sopatros im Gegensatz zu Cicero nur von der Techne des Korax, nicht von der des Korax und Tisias spricht: μετὰ δὲ ταῦτα Κόραξ πρῶτον ἀπάντων συνέστησε διδασκαλίαν περὶ ῥητορικῆς· οἱ γὰρ πρὸ αὐτοῦ ἐπιτηδεύοντες τὴν τέχνην ὡς ἐμπειρίᾳ τινὶ καὶ ἐπιμελείᾳ χρώμενοι ἐπετήδευον, καὶ οὗτοι (so Gercke f. οὗτος) μὲν οὐ μετὰ λόγου καὶ αἰτίας οὐδὲ τέχνης τινὸς κ. τ. λ. Ich meinerseits zweifle nicht daran, dass jene Nachricht über das Bekanntwerden der Techne des Korax in Athen falsch ist und vielmehr geraume Zeit vor 427 sich Euripides dort vielmehr an dieser Techne des Korax und Tisias und der des Thrasymachos neben der von Protagoras auf ihn ausgeübten Einwirkung bereits geschult hatte, welcher dann auch in der Folge dieser alten Schule treu blieb und sich nicht mehr durch die des Gorgias beeinflussen liess [11]).

Und so würden denn die Zeugnisse des Satyros Fr. 12 b. Laert. Diog. VIII, 58. Γοργίαν ... τὸν Λεοντῖνον ... Τέχνην ἀπολελοιπότα und Quintil. III, 1, 8. *Artium scriptores antiquissimi Corax et Tisias Siculi, quos secutus est vir eiusdem insulae Gorgias Leontinus* nicht viel beweisen. Allein Schanz Die Sophisten S. 129 ff. und Gercke haben darin ganz Recht, dass auch Platon Phaedr. 261 B. C. ΣΩ. ἀλλ' ἢ τὰς Νέστορος καὶ 'Οδυσσέως Τέχνας μόνον περὶ λόγων ἀκήκοας, ἃς ἐν 'Ιλίῳ σχολάζοντες συνέγραψαν, τῶν δὲ Παλαμήδους ἀνήκοος γέγονας; ΦΑΙ. καὶ ναὶ μὰ Δί' ἔγωγε τῶν Νέστορος, εἰ μὴ Γοργίαν Νέστορά τινα κατασκευάζεις ἢ τινα Θρασύμαχόν τε καὶ Θεόδωρον 'Οδυσσέα gleichfalls als Zeuge anzusehen ist, wenn schon dies Zeugniss stark dadurch abgeschwächt wird, dass sich hernach (D) als der unter Palamedes Gemeinte Zenon der Eleat ergiebt.

Die Ausgleichung dieses scheinbaren Widerspruchs zwischen Platon und Aristoteles ist nun einfach, worin ich denn mit Gercke übereinkomme, darin zu suchen, dass Platon unter dieser Τέχνη des Gorgias nichts Anderes versteht als ebenjene an beiden Stellen des Aristoteles berücksichtigte praktische Sammlung von

---

11) Auf diesen wichtigen Punkt hat meines Wissens bisher nur Ed. Schwartz De Thrasymacho Chalcedonio, Rostock 1892. aufmerksam gemacht, der jedoch dabei meines Erachtens mit Unrecht (wenn auch mit möglichster Zurückhaltung) nur an Thrasymachos denkt und nicht auch an Teisias, wobei die trotz Maass (s. A. 19) nach der Beschaffenheit der Berichte äusserst heikle Frage, ob Letzterer wirklich nach Athen kam und dort lehrte, unberührt bleiben darf.

Redestücken, welcher Aristoteles den Namen einer wirklichen Τέχνη versagte, während Andere dem Beispiel Platons folgten. Dazu stimmt denn auch der Ausdruck Τέχναι τινές bei Dionys. v. Halik. (Maxim. Planud. Rh. Gr. V, 548 W.)[12]). Und ebenso gleicht sich mithin auch ein anderer scheinbarer Widerspruch aus, wenn nämlich dem Protagoras bei Laert. Diog. IX, 55 eine Τέχνη ἐριστικῶν beigelegt wird, während es doch nach Aristoteles eine Theorie dieser Art vor ihm selber noch gar nicht gab. Auch in diesem Falle ist unter dieser Τέχνη offenbar nichts Anderes zu verstehen, was man bisher nicht erkannt hat, als die von Aristoteles zweimal bezeugte analoge dialektische oder eristische Topensammlung. Ich sage: zweimal, denn auch bei den περὶ τοὺς ἐριστικοὺς λόγους μισθαρνοῦντες denkt er ja in erster Linie unzweifelhaft an den Protagoras. Der Unterschied der Gemeinplätze des Letzteren von denen des Gorgias war also, dass jene ἐρωτητικαί, diese aber ῥητορικαί waren. Eine Sammlung von Proömien und Epilogen gleich der des Antiphon von Rhamnus legt Gercke (S. 351) ihm nur versehentlich bei.

Wahrscheinlich waren nun solche Sammlungen allerdings mit einer kurzen Einleitung versehen, auch darüber bin ich ganz mit Gercke einverstanden. In dieser stand bei Gorgias wohl jenes von Cicero nach Aristoteles, aber auch, und zwar ausführlicher von Platon a. a. O. 267 A. B. Τισίαν δὲ Γοργίαν τε ἐάσομεν εὕδειν, οἳ πρὸ τῶν ἀληθῶν τὰ εἰκότα εἶδον ὡς τιμητέα μᾶλλον, τά τε αὖ σμικρὰ μεγάλα καὶ τὰ μεγάλα σμικρὰ φαίνεσθαι ποιοῦσι διὰ ῥώμην λόγου, καινά τε ἀρχαίως καὶ τὰ ἐναντία καινῶς, συντομίαν τε λόγων καὶ ἄπειρα μήκη περὶ πάντων ἀνεῦρον angegebene Programm seiner Versprechungen [13]), ferner die Abhandlung περὶ καιροῦ [14]), wenn anders diese nicht, was ich unentschieden lasse, ein eigenes Schriftchen war, und die feine Regel, man müsse den Ernst seiner Gegner durch Spott und

---

12) Schwerlich mit Recht glaubt Maass Herm. XXII. 1881. S. 578, dass Dionys. mit diesem Ausdruck vielmehr die Paignien (Helena, Palamedes) bezeichnet habe.

13) Von welchem schon A. 9 die Rede war.

14) Dionys. v Hal. C. V. 12 p. 68 R. 37 Goeller. καιροῦ δ’ οὔτε ῥήτωρ οὐδεὶς οὔτε φιλόσοφος εἰς τόδε χρόνου τέχνην ὥρισεν· οὐδ’ ὅσπερ πρῶτος περὶ αὐτοῦ ἐπεχείρησε γράφειν, Γοργίας ὁ Λεοντῖνος, οὐδ’ ὅ τι λόγου ἄξιον ἔγραψεν.

ihren Spott durch Ernst zunicht machen [15]), endlich vielleicht auch die
kurze Angabe der drei einfachsten, zuerst von ihm als solche er-
kannten Redefiguren, Antithese, Parisose und Paromöose. Wenigstens
sehe ich keinen Grund, warum Gercke (S. 358) über diesen Punkt
anders denkt.

Wäre nun jene Behauptung Gerckes von der wesentlich gleich-
artigen Einrichtung auch der übrigen älteren Lehrbücher ganz richtig,
so müsste man freilich mit ihm (S. 356 ff.) annehmen, dass auch in
ihnen Alles, was sie an Theorie enthielten, und was auch uns noch als
solche aus ihnen zum Theil bekannt ist, lediglich auf die Einleitung
des Ganzen und höchstens etwa noch auf die Einleitungen der einzelnen Abschnitte beschränkt gewesen sei. Allein diese Behauptung
steht nicht allein, wie gezeigt, mit Aristoteles in Widerspruch, sondern es hält auch Nichts von Demjenigen Stich, was Gercke zu
ihrer Begründung oder näheren Ausführung beibringt. Platon tadelt
diese Lehrbücher nicht desshalb, weil sie zu wenig Theorie enthielten,
sondern weil diese ihre Theorie abgesehen von dem rabulistischen
Charakter derselben nicht über die blossen nöthigen Vorkenntnisse
(τὰ πρὸ τῆς τέχνης) hinausging (a. a. O. 268 A — 269 C), ganz
ähnlich wie auch Aristoteles in seiner eigenen Rhetorik von dem
Hauptstück einer wirklichen Theorie dieser Art, der Lehre von der
rednerischen Beweisführung, theils gar Nichts, theils doch nur recht
wenig in ihnen zu entdecken vermochte. Wenn ferner alle diese
Lehrbücher ganz hauptsächlich fertige Redestücke [16]) zum wörtlichen
oder doch annähernd wörtlichen Einlegen in eigene Reden umfasst
hätten, wie wäre es da denkbar, dass Euenos das seine in Versen
verfasst hätte? [17]) Wenn ferner Gercke (S. 349) meint, auch der
mündliche Unterricht habe lange Zeit im Auswendiglernen solcher
Stücke bestanden, so muss ich bekennen, dass ich nicht verstehe,
wie zu einem solchen überhaupt ein mündlicher Unterricht gehören

---

15) Fr. 12 bei Aristot. Rhet. III, 18. 1419ᵇ 3 ff.
16) Wenn Gercke S. 348. 349. 351 auch von ganzen Reden
spricht, so fehlt es, wie mir scheint, dafür an einem Zeugniss, denn der
Ausdruck λόγοι beweist dies ja nicht.
17) Plat. Phaedr. 267 A. τὸν δὲ κάλλιστον Πάριον Εὐηνὸν εἰς
μέσον οὐκ ἄγομεν, ὃς ὑποδήλωσίν τε πρῶτος εὗρε καὶ παρεπαίνους; οἳ
δ᾽ αὐτὸν καὶ παραψόγους φασὶν ἐν μέτρῳ λέγειν μνήμης χάριν.

könnte. Regeln gaben in demselben Gorgias und die anderen älteren Lehrer der Rhetorik doch auch schwerlich viel mehr, als in ihren Lehrbüchern standen. Ich kann mir daher überhaupt nicht vorstellen, was denn eigentlich diese ihre Unterweisung umfasst haben sollte, wenn sie nicht vielmehr ihre Schüler darin übten, Reden für und wider denselben Gegenstand gegen einander auszuarbeiten, natürlich mit starker Benutzung jener Topensammlungen, und diese Elaborate dann kritisch mit ihnen durchgingen. Endlich sehe ich auch durchaus nicht ein, warum jener Scherz Platons über die vor Ilion Technen schreibenden Heroen (s. S. 9) den Sinn haben müsste, dass, „wenn doch die Lehrbücher des Gorgias, Thrasymachos, Theodoros nur Redeproben enthielten, man die Reden jener Helden umgekehrt auch für (verkappte) rhetorische Lehrunterweisungen erklären könnte" [18]). Mir genügt völlig die gewöhnliche Auffassung, nach welcher jener Scherz nur eine der Spöttereien Platons über die eingerissene Manier ist, für Bestrebungen der Gegenwart bereits in der Heroenzeit Vorbilder aufzusuchen, wobei denn die Vergleichung des greisen Gorgias mit dem greisen Nestor und der spitzfindigen Theoretiker Thrasymachos und Theodoros (in arte subtilior, s. oben S. 7) mit dem listenreichen Odysseus nahe genug lag.

Nur so viel bezweifle allerdings auch ich nicht [19]), dass der Unterschied der wirklichen älteren Lehrbücher der Rhetorik von dem sogenannten des Gorgias doch insofern mehr ein nur quantitativer als ein qualitativer war, als bei der anfänglichen Dürftigkeit der Theorie auch in ihnen die Beispiele sicher umfänglicher als die Regeln waren oder, richtiger gesagt, die meisten Regeln in ihnen an den vielfach recht paradox aufgesuchten Beispielen hingen und sich darauf beschränkten, wie man in solchen Einzelfällen zu verfahren habe. Es ist sehr möglich, dass in der ältesten Techne, der

---

18) Wie Gercke S. 342 f. 358 f. will. Ich benutze hier seine in der Ausg. des Gorgias S. VIII gebrauchten Ausdrücke.

19) Gleich Gercke S. 357. A. 1 bin ich daher auch weit entfernt, Maass Deutsche L.-Z. 1896. Sp. 105 f. zu glauben, dass von der Techne des Korax eine attische Bearbeitung existirt. dass diese von Teisias besorgt, dann immer wieder von Andern neu aufgelegt, und dass noch die pseudo-aristotelische Rhetorik an Alexandros nur eine solche neue Auflage von ihr sei.

des Korax und Tisias oder Teisias, von allgemeinen Regeln noch
Nichts weiter stand, als dass die gerichtliche Rede in προοίμιον, διή-
γησις, ἀγῶνες und ἐπίλογος zu gliedern sei, und dass die Redekunst
nicht das ἀληθές, sondern das εἰκός ins Auge zu fassen habe, was
dann an rabulistisch zugeschnittenen Beispielen, von denen uns ja
noch eine Probe geblieben ist[20]), erläutert ward. Immerhin wissen
wir aber andererseits doch genug, um die Angabe des Aristoteles
bestätigt zu finden, dass die Theorie bei Thrasymachos und Theodoros von Byzantion und wir dürfen hinzusetzen auch bei Euenos,
um von den Gorgianern Likymnios und Polos zu schweigen, doch
schon erheblich über diese Elemente hinausgeschritten war, ja sich
sogar schon in recht unnöthigen „Subtilitäten" erging[21]).

Analog entwickelte sich auch das Verfahren der praktischen
Rechtsconsulenten. Anfangs belehrten sie die Parteien nur mündlich,
was sie ungefähr sagen sollten, und wiesen sie an, die vorhandenen
Noth- und Hülfsbücher, nämlich die Sammlungen von Gemeinplätzen,
Proömien und Epilogen, richtig dabei zu gebrauchen, dann begann
zuerst Antiphon von Rhamnus ihnen, falls sein politisches Partei-
interesse dabei ins Spiel kam oder sie die höhere Zahlung dafür
leisten wollten, auch die ganzen Reden zum Auswendiglernen
zu schreiben. Aber er selbst flocht dabei Gemeinplätze aus eigenen
und fremden Sammlungen ein, und in derartigen Einflechtungen
folgten ihm nicht allein Andokides, sondern gelegentlich auch noch
jüngere Redner, wie Lysias und Isokrates, um von dem Ausschreiben
des Andokides bei Aeschines gar nicht zu reden. Das Alles sind
bekannte Dinge, die ich daher hier nur flüchtig berühren kann[22]).
Ob, wie Gercke (S. 349. Anm.) muthmasst, die apokryphe Nachricht,
nach welcher der junge Demosthenes die λόγοι oder die Τέχναι des
Zoïlos und des Alkidamas sich verschafft und sie benutzt oder auch
geradezu auswendig gelernt haben soll, noch im Hinblick auf jene
ältere Manier des Auswendiglernens fertiger Redestücke aus den
betreffenden Sammlungen erfunden ist, erscheint mir sehr zweifelhaft.
Denn vom Auswendiglernen ist nur in einer einzigen Quelle die

20) Aristot. Rhet. II, 24. 1402ᵃ 7 ff. Plat. Phaedr. 273 B. C.
21) S. Blass a. a. O.
22) Ich enthalte mich daher auch der Nachweisungen.

Rede[23]), und nur hier wird der Ausdruck τέχναι statt λόγοι gebraucht, die Annahme, dass die älteren Τέχναι hauptsächlich aus solchen fertigen Stücken bestanden hätten, hat sich nicht bewährt, und so bezieht sich dies Auswendiglernen oder Gebrauchen vielmehr wohl nur auf die Kniffe und Pfiffe, zu welchen solche Lehrbücher die Anweisung gaben. Wenn ein zeitgenössischer Redner dem Demosthenes vorwarf, er habe den ganzen Isaeos heruntergeschluckt[24]), so sollte dies ja doch auch nur heissen, Letzterer habe alle seine eigenen Kniffe und Pfiffe auch diesem seinem Schüler beigebracht.

2. Alkidamas.

Ohne Zweifel hat Gercke (S. 359) darin vollkommen Recht, dass die Streitschrift des Alkidamas περὶ τῶν τοὺς γραπτοὺς λόγους γραφόντων ἢ περὶ σοφιστῶν nicht lediglich gegen Isokrates, wie man bisher allgemein annahm, sondern überhaupt gegen Alle gerichtet ist, welchen die Fähigkeit und Fertigkeit der Improvisation mangelt, also auch gegen Alle, welche bloss gerichtliche Reden zu schreiben verstehen oder sich solcher geschriebenen Reden oder auch nur (§ 14.25, darin, wie Gercke S. 349 f. (vgl. S. 360 f.) bemerkt, ist er mit Isokr. XIII, 12 einverstanden) der Einflechtung von Gemeinplätzen aus den herausgegebenen Sammlungen bedienen. Aber ob man anzunehmen hat, dass die Hauptspitze sich dennoch hier gegen Isokrates wendet, oder nicht, hängt davon ab, ob diese Schrift vor oder nach der Sophistenrede des Letzteren, und daher nebenbei auch davon, was mich hier in erster Linie interessirt, ob sie vor oder nach Platons Phaedros erschienen ist. Zycha[25]) hat zuerst auf die auffallenden Parallelen zwischen den beiden letzteren Schriften hingewiesen, von denen ich hier nur die auffälligste wiederholen will:

---

23) Nämlich bei Ktesibios nach Hermipp. Fr. 60 b. Plut. Demosth. 5 gegenüber Ktesibios b. Pseudo-Plut. X or. 844 C und Suid. Δημοσθένης (wo Ktesibios freilich nicht genannt ist).
24) Dionys. de Demosth. 4.
25) Bemerkungen zu den Anspielungen und Beziehungen in der XIII. und X. Rede des Isokrates, Wien 1880. S. 25 f, vgl. meine Rec. Philol. Anzeiger XI. 1882. S. 293—297.

Phaedr. 276 A. ὃς μετ᾽ ἐπι-
στήμης γράφεται ἐν τῇ τοῦ μαν-
θάνοντος ψυχῇ, δυνατὸς μὲν ἀμῦναι
ἑαυτῷ, ἐπιστήμων δὲ λέγειν τε καὶ
σιγᾶν πρὸς οὓς δεῖ. ΦΑΙ. τὸν τοῦ
εἰδότος λόγον λέγεις ζῶντα καὶ
ἔμψυχον, οὗ ὁ γεγραμμένος
εἴδωλον ἄν τι λέγοιτο δικαίως.

275 C. οὐκοῦν ὁ τέχνην οἰόμενος ἐν γράμμασι καταλιπεῖν καὶ αὖ
ὁ παραδεχόμενος ὥς τι σαφὲς καὶ βέ-
βαιον ἐκ γραμμάτων ἐσόμενον πολλῆς
ἂν εὐηθείας γέμοι ... δεινὸν γάρ που
... τοῦτ᾽ ἔχει γραφή, καὶ ὡς ἀληθῶς
ὅμοιον ζωγραφίᾳ. καὶ γὰρ τὰ
ἐκείνης ἔστηκε μὲν ζῶντα ... ταὐτὸν δὲ καὶ οἱ λόγοι ... ἕν τι ση-
μαίνει μόνον ταὐτὸν ἀεί. 276 D.
ἀλλὰ τοὺς μὲν ἐν γράμμασι κήπους,
ὡς ἔοικε, παιδιᾶς χάριν σπερεῖ
τε καὶ γράψει κ. τ. λ.

Alkid. § [22]. 28. λόγος ὁ μὲν
ἀπ᾽ αὐτῆς τῆς διανοίας ἐν τῷ
παραυτίκα λεγόμενος ἔμψυχός ἐστι
καὶ ζῇ ... ὁ δὲ γεγραμμένος εἰ-
κόνι λόγου τὴν φύσιν ὁμοίαν ἔχων
κ. τ. λ.

§ 27. ἡγοῦμαι δ᾽ οὐδὲ λόγους
δίκαιον εἶναι καλεῖσθαι τοὺς
γεγραμμένους, ἀλλ᾽ ὥσπερ εἴ-
δωλα καὶ σχήματα καὶ μιμήματα
λόγων, καὶ τὴν αὐτὴν κατ᾽ αὐτῶν
εἰκότως ἂν δόξαν ἔχοιμεν, ἥνπερ
καὶ κατὰ τῶν χαλκῶν ἀνδριάν-
των καὶ λιθίνων ἀγαλμάτων καὶ
γεγραμμένων ζῴων ... τὸν
αὐτὸν τρόπον ὁ γεγραμμέ-
νος λόγος ἑνὶ σχήματι καὶ
τάξει κεχρημένος ... ἐπὶ δὲ τῶν
καιρῶν ἀκίνητος ὢν οὐδεμίαν ὠφέ-
λειαν τοῖς κεκτημένοις παραδίδωσιν.

§ 35. εἰκότως ἂν ... τοῦ δὲ
γράφειν ἐν παιδιᾷ καὶ παρέργως
ἐπιμελόμενος εὖ φρονεῖν κριθείη παρὰ
τοῖς εὖ φρονοῦσιν.

und danach folgende chronologische Reihe aufgestellt: Isokrates,
Platon, Alkidamas. Ich setzte sodann [26]) ihr diese entgegen: Platon,
Isokrates, Alkidamas: Isokrates hat im zweiten Theil seiner Sophistenrede den Alkidamas angegriffen, während er in derselben, wie sich
zeigen wird, dem Platon ein litterarisches Compliment macht, Alkidamas antwortet ihm in seiner Sophistenrede, wenn dies auch nicht
deren einziger Zweck ist, und beruft sich dabei gerade wieder auf
Platon. Mich dünkt, die Sache ist in dieser Weise doch innerlich
recht wahrscheinlich. Gercke jedoch spricht sich vielmehr für die

---

26) Zunächst a. a. O., wo ich noch an die chiische Schule des Isokrates glaubte (s. A. 76), dann in der Abh. De vitis Tisiae, Lysiae, Isocratis, Platonis, Antisthenis, Alcidamantis, Gorgiae quaestiones epicriticae,
Greifswald 1884. S. XX.

Reihenfolge Alkidamas, Platon, Isokrates aus, sieht jedoch auch die einzig noch übrige: Platon, Alkidamas, Isokrates nicht für unmöglich an.

Ich halte nach wie vor die Priorität des Alkidamas vor Platon für so gut wie ausgeschlossen, und zwar genau aus dem von Gercke (S. 364) selbst angegebenen Grunde. „Dass" nämlich „nicht Platon die Bilder und den sprachlichen Ausdruck dem Alkidamas entlehnt habe, indem er nur das Adonisgärtchen hinzufügte und die Bedeutung des Vergleiches mit todten Gemälden dahin vertiefte, dass die Schriften auf die weiteren Fragen nach den letzten Gründen nicht antworten können, wird man von vorn herein anzunehmen geneigt sein." Und das wird um so mehr gelten, da bei den sonstigen, minder bedeutenden Berührungen zwischen beiden Schriften [27]) von einer „leisen Correctur" des Alkidamas durch Platon doch gar keine Rede sein kann, sondern nur von Reminiscenzen, bei denen es doch kaum glaublich ist, dass der hochfahrende und hochbedeutende Platon seinen Ausdruck nach dem eines zwar nicht unbedeutenden, aber sich doch nicht allzuweit über die Mittelmässigkeit erhebenden Geistes in recht gleichgültigen Fällen gemodelt haben sollte. Und die Gegengründe, denen Gercke, wenn auch nur zweifelnd, den Vorzug giebt, scheinen mir nicht erheblich. Es sind ihrer zwei. Erstens, sagt Gercke, „war die Streitschrift des Alkidamas nach dem Phaedros überflüssig, da hierin auch sein wesentlichster Gesichtspunkt genügenden Ausdruck gefunden hatte". Ja das mag wohl uns so scheinen, aber ob es auch ihm so scheinen musste oder auch nur scheinen konnte, ist eine andere Frage. Denn Dasjenige, worin er mit Platon übereinstimmte, war hier von diesem an eine so abfällige Kritik der bisherigen Rhetorik und Redekunst angehängt, wie sie ihm doch unmöglich gefallen konnte, und auch da, wo die Ansichten beider Männer sich berührten, war doch die Uebereinstimmung nur eine theilweise. Alkidamas blieb bei der Form stehen: ihm galt einfach die freie Rede höher als die Schrift. Dem Platon dagegen kam es hierbei gar sehr zugleich auf den Inhalt an: er hielt die besten

27) S. dieselben bei Gercke S. 362 f. Anm. Schon Zycha verglich § 4 mit 278 E, Gercke fügt § 15. 17 ↘ 269 C. D hinzu.

Reden für vorzüglicher als die besten Schriften, aber er stellte die
besten Schriften weit höher als die mündlichen Reden, welcho sich
auf niedrigero Gegenstände erstreckten oder gar auf Trug und
Täuschung ausgingen. „Dazu kommt", sagt Gercke zweitens, „dass
Platon den Preis des gesprochenen, lebendigen Wortes gleichsam
anhangsweise einflicht, ohne ihn mit seinem Hauptthema, der philosophischen Vertiefung der Rhetorik, enger zu verknüpfen, aber auch
ohne die Bedenken des Alkidamas (§ 29) zu theilen". Allein abgesehen davon, dass gerade die Lectüre des Phaedros den Letzteren
zu der Aeusserung dieser Bedenken sehr füglich mit bestimmen
konnte, der Gegenstand dieses Dialogs ist vielmehr die richtige Art
der Gedankenmittheilung durch das Wort in mündlicher Rede und
(s. bes. 259 E) in Schrift, und wenn bei dem ersteren Theil die
Vertiefung der Rhetorik schon geleistet war, brauchte Platon bei dem
Letzteren doch nicht wieder auf dieselbe zurückzukommen. Warum
desshalb die Streitschrift des Alkidamas schon früher erschienen sein
sollte, vermag ich nicht abzusehen.

Viel schwieriger gestaltet sich allerdings die Frage, ob die
Sophistenrede des Isokrates, was Gercke für sicher erklärt, die des
Alkidamas voraussetzt oder umgekehrt. Ich halte die erstere, wie
es ja auch gewöhnlich geschieht, für das Antrittsprogramm der Lehrthätigkeit des Isokrates, mit welcher er zugleich seine bisherige
Wirksamkeit als Lohnschreiber gerichtlicher Reden aufzugeben sich
anschickte. Ist also die letztere vor der ersteren geschrieben, so
könnte in ihr eine gegen Isokrates gerichtete besondere Spitze überhaupt
nicht erblickt werden, ihre Polemik trifft ihn dann nicht mehr und
nicht minder als alle anderen Redenschreiber dieser Art. Dann ist
es aber auch schwer begreiflich, dass er sich so besonders durch sie
getroffen fühlt, um immer wieder „den Fehdehandschuh gegen sie auf-
zunehmen", worüber ich mich begnügen darf auf das von Gercke
S. 360 Beigebrachte zu verweisen, um so schwerer, da er doch bekanntlich diese Art von Beredsamkeit im höchsten Grade gering-
schätzte und später nicht gern daran erinnert sein mochte, dass er
sie selber ausgeübt hatte, also doch, sollte man denken, es auch
sorgfältig vermeiden musste, selbst an sie zu erinnern.

Dazu kommt nun aber noch, dass ja die Aechtheit der unter

dem Namen des Alkidamas uns überlieferten Sophistenrede namentlich aus dem in der That sehr triftigen Grunde in Abrede gestellt wurde[28]), weil bei diesem Schüler des Gorgias eine solche Häufung der gorgianischen Figuren und jener gorgianischen „Frostigkeiten", für welche Aristoteles Rhet. III, 3 vorwiegend aus ihm die Beispiele nimmt[29]), erwartet werden muss, von welcher in dieser Schrift mit Ausnahme der Antithesen keine Spur ist[30]). Und Vahlen[31]) hat diesen Angriff nur durch die Hypothese abzuwehren vermocht, Alkidamas habe bei seinem Auftreten gegen Isokrates hier dem Letzteren zugleich zu zeigen gestrebt, er könne, wenn er nur wolle, ebenso gut und dabei ganz ähnlich wie dieser schreiben. Nimmt man nun aber an, dass seine Streitschrift gar nicht besonders gegen Isokrates, sondern nur nebenbei auch gegen ihn gerichtet war, so würde diese Erklärung hinfällig werden und damit jener Einwand wieder in volle Kraft treten. Ueberdies weist Alkidamas aber selbst (§ 32) auf Fortschritte hin, welche der Redner vermöge der schriftlichen Ausarbeitung seiner Reden mache, wie auch dies schon Vahlen hervorgehoben hat, so dass denn diese schwerlich zu seinen ältesten gehört und es auch desshalb unwahrscheinlich ist, dass sie schon vor der Eröffnung der Schule des Isokrates entstanden sein sollte.

Der Gegenbeweis von Gercke (S. 363 f.) beruht auf einem Missverständniss der Aeusserungen des Isokrates § 9 – 13, von denen

---

28) Von Foss De Gorgia S. 82 ff., Benseler De hiatu S. 172, Sauppe Or. Att. II. S. 157 ff., welcher auch noch von Vahlen eines Anderen nicht überzeugt worden ist, s. Gött. gel. Anz. 1873. S. 1739.

29) So dass er also hierin den Gorgias noch überboten zu haben scheint.

30) Dieser Einwurf ist um so gewichtiger, je mehr die beiden Schüler des Gorgias, welche die Helene und den Palamedes (wenn anders nicht letzterer doch von Gorgias selbst herrührt) verfassten, vielmehr so vollkommen der gorgianischen Stilistik sich bedienen, dass insoweit Gorgias selbst recht gut der Verfasser gewesen sein könnte. So viel hat Maass Herm. XXII. 1887, S. 566—581 bewiesen, aber auch nicht mehr. Denn die Beweisführung Spengels Art. script. S. 71 ff. dafür, warum er selber es wenigstens von der Helene nicht gewesen sein kann, hat Maass nicht widerlegt, sondern ignorirt. Ich halte sie in einem Hauptpunkte gleich Wilamowitz Aristot. und Athen I. S. 172. A. 75 und Gomperz Griech. Denker I. S. 383. 475 f. für unwiderleglich.

31) Der Rhetor Alkidamas, Wien 1864 = Wiener Sitzungsberichte XLIII. S. 507 ff.

er freilich behauptet, dass vielmehr Andere sie missverstanden hätten. Um das darzuthun, muss ich leider etwas weiter ausholen.

Leider nämlich steht es durchaus nicht so fest, wie es wünschenswerth wäre, ob Isokrates hier überhaupt den Alkidamas meint, da die Erörterung hierüber von Reinhardt[32]) keineswegs durchweg richtig ist. Vorab jedoch ist die Ansicht von Gercke (S. 361. 363, s. auch S 364. A. 1 vgl. m. S. 360. A. 3) zurückzuweisen, dass nur die §§ 9—11 gegen diesen gerichtet seien, die §§ 12. 13 aber gegen gemeinsame Gegner. Alles, was Isokrates in diesem Abschnitt sagt, wendet sich vielmehr ausdrücklich an die nämliche Adresse, τοῖς τοὺς πολιτικοὺς λόγους ὑπισχνουμένους (§ 9), τούτους (was doch schwerlich bloss demonstrativisch sein soll), οἵ πολιτικοῦ (so Γ mg. und auch Gercke f. ποιητικοῦ) πράγματος κ. τ. λ. (§ 12), und nicht die ersten Paragraphen nur an einen Theil und die letzten an einen andern Theil dieser Leute, und dies Letztere noch dazu in einem brüderlichen Zusammengehen mit dem ersteren Theil. Diese Leute, heisst es nun, versprechen τὴν τῶν λόγων ἐπιστήμην ὥσπερ τὴν τῶν γραμμάτων παραδώσειν (§ 10). Folgt man dieser Lesart, so ist der ganze Zusammenhang klar: Isokrates zeigt dann § 12 f. die Widersinnigkeit dieses Versprechens. Nun hat aber der Hauptcodex vielmehr πραγμάτων, und das, sagt Gercke, passe allein auf die hier bekämpfte Lehre des Alkidamas. Allein dies könnte doch nur heissen: diese Leute versprechen ihren Schülern auf dieselbe Weise durch ihren blossen Unterricht auch ohne Talent und Uebung (ταύτης τῆς δυνάμεως οὐδὲν οὔτε ταῖς ἐμπειρίαις οὔτε τῇ φύσει τῇ τοῦ μαθητοῦ μεταδιδόασιν) die vollständigste Redefertigkeit beizubringen, wie man Sachkenntniss beibringt, und damit überschätzen sie die Macht der theoretischen Unterweisung in der Rhetorik. Aber ist denn die Erwerbung von Sachkenntniss eher ohne Talent und Uebung durch blosses theoretisches Lehren möglich? Und das sollte Alkidamas oder wer sonst immer behauptet haben und Isokrates sollte ihm das haben hingehen lassen, ohne diesen Widersinn hervorzuheben! Wohl aber sagt Letzterer von diesen Leuten nach dieser Lesart: sie haben den Unterschied von λόγοι und πράγματα

---

32) De Isocratis aemulis, Bonn 1872. S. 6—15.

nicht erwogen: ὡς μὲν ἔχει τούτων ἑκάτερον, οὐκ ἐξετάσαντες. Man erwartet also doch, Isokrates werde ihnen nun denselben beibringen, aber man wartet vergebens. Liest man dagegen γραμμάτων, so ist der Unterscheidung von λόγοι und γράμματα in dieser Hinsicht und damit eben der Widerlegung dieser Leute alles in § 12 f. Enthaltene gewidmet. Dann aber kann γράμματα auch an beiden Stellen nur die Schriftzeichen bedeuten und nicht, wie Gercke will, in § 12 „die Redestücke der Techne"[33]; und wie gut dann Alles klappt und passt, darüber kann ich jetzt nicht bloss auf meine frühere kürzere Darstellung[34], sondern auch auf die ausführlichere und wohldurchdachte Holzners[35] verweisen. Und bei dieser richtigen Auffassung wird auch Niemand aus dem τίς γὰρ οὐκ οἶδε πλὴν τούτων κ. τ. λ. (§ 12) mit Gercke den Schluss ziehen wollen, dass Isokrates selbst dies als eine Entlehnung sei es aus Alkidamas oder aus irgend einem anderen Schriftsteller bezeichnen wolle, sondern er sagt damit nur, dass dieser Unterschied zwischen Buchstaben und Reden allen vernünftigen Menschen einleuchtend sei. Ueberhaupt aber ist es doch klar, dass Alles, was Gercke als entscheidend für die Priorität der Sophistenrede des Alkidamas vor der des Isokrates vorbringt, und auf was ich daher auch nicht weiter eingehe, mit seiner Deutung von γράμματα an der späteren und seiner Aufnahme der Lesart πραγμάτων an der früheren Stelle letzteres Schriftchens steht und fällt. Es ist also nicht wahr, dass Isokrates hier überhaupt gegen die Gemeinplätze, wenngleich von seinen Aeusserungen nebenbei auch diese betroffen werden, zu Felde zieht, wie es Alkidamas nach dem schon Bemerkten

---

33) Dass litterarische Schriftwerke im Gegensatz zu dem ausserattischen Sprachgebrauch nicht γράμματα, sondern συγγράμματα hiessen, hat Kaibel Herm. XXV. 1890. S. 102 f. aus Plat. Parmen. 128 nachgewiesen (s. W. Schulze in meiner Alex. L.-G. I. S. 891), und da in demselben Zusammenhange nicht dasselbe Wort in verschiedenen Bedeutungen gebraucht werden kann, so bezeichnet γράμματα auch im Phaedr. 275 C. 276 D so gut wie unmittelbar vorher 274 D ff. nichts Anderes als Schriftzeichen, nur dass hier die Nüance ihrer Vereinigung zu Schriften stärker hervortritt: wo Schriftstücke genau als solche bezeichnet werden sollen, erscheint vielmehr sofort der Ausdruck λόγοι γεγραμμένοι.

34) De Plat. Phaedro S. V f.

35) Plato's Phaedrus und die Sophistenrede des Isokrates, Prager Studien aus dem Gebiete der class. Alterthumswissensch. Heft IV. Prag 1894. S. 44 ff. A. 52.

allerdings, aber doch auch nur beiläufig, thut, und wir haben schon gesehen, dass ein Gleiches auch von Platon nicht gilt. Folglich können aber auch Beide bei diesem angeblichen Kampfe die Rücksicht auf den gorgianischen καιρός (Isokr. § 16. Phaedr. 272 A. καιρούς — εὐκαιρίαν καὶ ἀκαιρίαν) sich nicht von Alkidamas erborgt haben, sondern sie haben denselben aus erster Hand entnommen, von Gorgias selbst, dessen Schüler ja Isokrates obendrein ebensogut wie Alkidamas war. Vollends durch Nichts gerechtfertigt ist es, wenn Gercke bis zu der Versicherung vorgeht, Platons Bevorzugung des lebendigen mündlichen Wortes vor der Schrift habe nicht dieselbe allgemeinere Bedeutung wie bei Alkidamas, beziehe sich vielmehr auch nur auf diesen Kampf, und man habe dies bisher zu weit gefasst.

Soviel ist nun also gewiss: die Polemik des Isokrates gegen die Lehrer der Beredsamkeit geht in Wirklichkeit nur auf einen einzigen Mann, seinen Hauptconcurrenten in dem damaligen Athen. Aber war dies Alkidamas? Die von Reinhardt[36]) gefundenen Anknüpfungspunkte zwischen ihm und Isokrates (vgl. § 3—5 mit Isokr. § 16 f. und § 30 mit Isokr. § 9) scheinen mir sicher zu stehen[37]), so dass ich nicht daran zweifle: Alkidamas als der später Schreibende hat sie beabsichtigt. Indessen daraus folgt noch nicht mit Nothwendigkeit, dass er der von Isokrates Angegriffene war[38]). Jedenfalls jedoch kann derselbe nur einer der berühmtesten und erfolgreichsten Lehrer der Rhetorik in Athen während der damaligen Zeit gewesen sein, und soweit unser Wissen reicht, bleibt da meines Erachtens nur die Wahl zwischen Alkidamas und Theodoros. Nun passt aber doch das χεῖρον γράφοντες τοὺς λόγους ἢ τῶν ἰδιωτῶν τινες αὐτοσχεδιάζοντες bei Isokr. § 9 nur auf einen Mann, welcher in erster Linie seine Stärke in Stegreifreden suchte und erst in zweiter auch im Schriftstellern, also ganz auf Alkidamas, während ein Gleiches von Theodoros wenigstens nicht berichtet wird und auch nach dem über ihn Berichteten (in arte subtilior, in orationibus ieiunior) weniger

---

36) a. a. O. S. 15.
37) Obgleich Blass a. a. O. S. 353, A. 2 anderer Meinung ist.
38) Daher hat sich denn (vor Reinhardt) Vahlen a. a. O. S. 520 auch nur frageweise in diesem Sinne ausgesprochen.

wahrscheinlich ist. Auch bekommt die Sache erst Hand und Fuss,
wenn Isokrates mit jenen Worten behauptet hatte: Alkidamas mag
zu extemporiren verstehen, aber zu schreiben versteht er nicht, und
nun Alkidamas erwidert: Isokrates kann wohl einigermassen schriftstellern, aber nicht reden, geschweige denn frei sprechen, und das
ist gerade die Hauptsache. Ueberhaupt ist es doch das Natürlichste,
dass der Angefochtene selbst replicirt. Der Angegriffene verglich
aber auch nicht die Gemeinplätze[39]), von denen, wie gesagt, Alkidamas in der That Nichts wissen will, für das Reden mit den Buchstaben für das Lesen und Schreiben, sondern, wie wir sahen, vielmehr die in seinem Unterrichte vorgetragenen Elemente der Rhetorik, und wenn auch Reinhardt völlig darin irrt, als ob die Theorie
derselben auch in Bezug auf die Erfindung damals schon ziemlich
entwickelt gewesen sei, so wird doch gerade durch ihre damals noch
recht grosse Dürftigkeit jene marktschreierische Vergleichung seitens
dieses Rhetors zu Gunsten der Leichtigkeit und unfehlbaren Sicherheit für den Erfolg seines Unterrichts überhaupt erst erklärlich.
Allerdings betont nun Alkidamas § 35 die Uebung im Extemporiren, aber diese steht ja an sich der Leichtigkeit seiner theoretischen Unterweisung nicht im Wege. Aber freilich die Schwierigkeit, den von Isokrates angegriffenen Rhetor für Alkidamas zu erklären, besteht darin, dass der Erstere, wie bemerkt, gesagt haben
soll, dass es bei seinem Unterricht gar keiner besonderen Anlage
und Uebung bedürfe, und damit steht nicht bloss diese Aeusserung des Alkidamas im Widerspruch, sondern, womöglich, noch mehr
was wir § 3 bei ihm lesen: εἰπεῖν μὲν γὰρ ἐκ τοῦ παράχρημα ... καὶ
τὸν προσήκοντα λόγον εἰπεῖν οὔτε φύσεως ἁπάσης οὔτε παιδείας τῆς
τυχούσης ἐστίν. Aber Alkidamas kann ja inzwischen zugelernt und
eingesehen haben, dass die Widerlegung jener Marktschreierei durch
Isokrates in der That den Nagel auf den Kopf getroffen hatte, so dass
er sich nicht allein wohl hütete, sie zu wiederholen, sondern sich
stillschweigend die nöthige, ihn aus dem Widerspruch mit sich
selber befreiende Selbstberichtigung angedeihen liess. Jedenfalls
aber erhellt hieraus von Neuem gegen Gercke, dass es schlechter-

39) Wie Blass a. a. O. II². S. 348 f. A. 8 annimmt.

dings nicht angeht, auch nur § 9—11 bei Isokrates auf Alkidamas
zu beziehen und zugleich den Letzteren seine Sophistenrede vor
der des Ersteren schreiben zu lassen. Denkbar wäre es an sich
auch, dass Alkidamas die Entbehrlichkeit von Talent und Uebung
bei seinem Unterricht gar nicht so schroff ausgesprochen und erst
Isokrates aus purer Consequenzmacherei ihm das untergeschoben
hätte, allein dann würde doch Alkidamas in seiner Replik hierüber
nicht geschwiegen, sondern diese Behauptung ausdrücklich zurück-
gewiesen haben. Uebrigens ist es doch wohl kaum anders denkbar,
als dass er jenes sein marktschreierisches Versprechen auch in einer
Schrift niedergelegt hatte. Sollte dies seine Τέχνη gewesen sein,
so müsste man wohl annehmen, dass diese erst nach dem Phaedros
Platons, da ihrer bei der Durchmusterung der rhetorischen Lehrbücher in diesem Dialog noch nicht gedacht wird, also in der Zwischenzeit zwischen seinem Erscheinen und dem der Sophistenrede des
Isokrates verfasst sei. Aber es steht nicht ausser Zweifel, ob er
überhaupt eine Τέχνη geschrieben hat [40]).

3. Die Entstehungszeit des Phaedros.

Hiermit habe ich mir nun endlich den Weg gebahnt, auf
welchem ich wieder mit Gercke zusammengehen oder, richtiger
ausgedrückt, seinen Spuren nachfolgen kann. Denn, wie gesagt,
den Beweis dafür, dass in den Parallelen zwischen dem platonischen
Phaedros und jener 13. Rede des Isokrates Letzterer den Ersteren
berücksichtigt und nicht umgekehrt, hat er allerdings, natürlich mit
Zuhülfenahme des schon von Anderen hiefür Bemerkten, so vollständig und zwingend geführt [41]), dass mir nur eine geringe Nach-
hülfe übrig bleibt und die Gegner sich meines Bedünkens diesem
Zwange nur noch durch die Annahme entziehen könnten, dass an
diesen Parallelstellen vielmehr keiner von beiden Männern den andern

---

40) Daher wiederhole ich denn auch jenes ehemals (Phil. Anz. a. a. O.)
von mir gebrauchte Argument für einen frühen Ursprung des platonischen
Phaedros nicht.
41) Freilich ist gerade dasjenige Argument, welches er für das
wichtigste ansieht, m. E. nicht haltbar (s. A. 61), aber die übrigen stehen
dafür um so fester.

berücksichtigt habe. Diesen Ausweg hat in der That namentlich Lutoslawski (S. 342 f. A. 236) betreten, aber er würde höchstens gang-
bar sein bei der Annahme, dass beide Schriften gleichzeitig verfasst
worden und erschienen seien. Indessen würde selbst so ein so hoher
Grad von Aehnlichkeit, ja theilweise auffallender Gleichheit der Ausdrücke aus der blossen Aehnlichkeit der Gedanken schwerlich hervor-
gegangen sein [42]); und es wäre hiedurch den Stilstatistikern auch Nichts
geholfen, nach deren Berechnungen auch mittels der wesentlich ver-
besserten, ja auf ein neues Princip gestellten Methode Lutoslawskis der Phaedros vielmehr erst nach dem Symposion und der
Politeia entstanden sein könnte [43]). Denn dass der Verfasser der
später erschienenen Schrift die früher erschienene so wenig gekannt
haben sollte, um nicht zu merken, dass er in dem betreffenden
Stück der seinen dieselbe nahezu ausschrieb, ist doch zumal bei
der bisherigen Befreundung beider Männer geradezu unglaublich;
wenn er es aber merkte, so that er es ja auch mit Absicht, und
wenn mit Absicht, so drückte er damit eben seine relative Beistim-
mung aus, und dann war dies ein litterarisches Compliment, auch
wenn der gemeinsame Gedanke nicht mehr ganz neu, sondern etwas
Aehnliches im Allgemeinen früher schon gesagt war [44]). Denn speciell

----

42) Es genügt in dieser Hinsicht auf das ἀγωνισταὶ λόγων bei
beiden Schriftstellern hinzuweisen. Das konnte nur einer von dem andern
haben, und wer irgend Stilgefühl und Verständniss für die Schreibweise
Platons im Phaedros hat, muss, dünkt mich, bei nicht vorgefasstem Urtheil
sich für ihn als den Gebenden entscheiden.

43) Ob das Symposion auf Grund von 193 A nach 385 zu setzen
sei, ist freilich neuestens von Wilamowitz Herm. XXXII. S. 102 bestritten worden, vgl. A. 90. Die Politeia aber entstand zweifellos viel
später als die jedenfalls nicht nach 390, fast mit Gewissheit, wie sich zeigen
wird, sogar nicht nach 392 anzusetzende Sophistenrede des Isokrates. Dass
sie auf alle Fälle selbst in den Achtzigerjahren auch nur ihren ersten
9 Büchern nach noch nicht fertig war, ergiebt sich sogar aus Lutoslawskis Untersuchungen, wenn ich auch hier noch kein Gewicht darauf
legen darf, dass sie nach meiner Ueberzeugung damals noch nicht einmal
begonnen war. Wenn also Wilamowitz bei diesem seinem Uebergange
ins Lager der Stilstatistiker glaubt mit der Versetzung des Phaedros in jene
Jahre auskommen zu können, so ist er entschieden im Irrthum.

44) Dafür, dass dies allerdings der Fall war, bedurfte es nicht
einmal der von Teichmüller Litter. Fehden I. S. 71 gegebenen und von
Lutoslawski wiederholten Nachweise, denn Platon und Isokrates sagen es
ja Beide selbst: ὥσπερ τἆλλα und καὶ τῶν ἄλλων ἔργων.

in Bezug auf die Beredsamkeit war es denn doch noch nicht gesagt,
dass zu ihr Naturanlage, Kenntniss und Uebung erforderlich sei,
und zwar so, dass dabei das Moment der Kenntniss betont ward und
es sich nun genauer vor Allem darum handelte, worin diese Kenntniss
bestehen sollte, welche den Schülern beizubringen war und den
eigentlichen Gegenstand des theoretischen Unterrichts bilden musste.
Hier nämlich schieden sich ja die Wege, und hier schliesst das Compliment des Isokrates zugleich einen Protest gegen Platon ein:
Platon verlangt vor Allem erstens Logik und Metaphysik, für welche
er hier den Kunstausdruck Dialektik in einem ganz anderen Sinne
ausprägt, als in welchem Aristoteles das Wort gebraucht, und zweitens
Psychologie, Isokrates beschränkt die Theorie auf Dasjenige, was er
die εἴδη τῶν λόγων nennt, und worüber seine Gedanken ziemlich
unklar und confus sind[45]):

Phaedr. 269 D. τὸ μὲν δύ-
νασθαι, ὦ Φαῖδρε, ὥστε ἀγω-
νιστὴν τέλεον γενέσθαι, εἰκός,
ἴσως δὲ καὶ ἀναγκαῖον, ἔχειν ὥσπερ
τἆλλα. εἰ μέν σοι ὑπάρχει φύσει
ῥητορικῷ εἶναι, ἔσει ῥήτωρ ἐλλόγιμος
προσλαβὼν ἐπιστήμην τε καὶ
μελέτην, ὅτου δ᾽ ἂν ἐλλείπῃς
τούτων, ταύτῃ δ᾽ ἀτελὴς ἔσει.
ὅσον δὲ αὐτοῦ τέχνη, οὐχ ἡ Λυ-
σίας (Τισίας? Ruhnken) τε καὶ
Θρασύμαχος πορεύεται, δοκεῖ μοι
φαίνεσθαι ἡ μέθοδος.
272 A. ταῦτα δ᾽ ἤδη πάντα
ἔχοντι, προσλαβόντι καιρούς...
ἑκάστων, ὅσ᾽ ἂν εἴδη μάθῃ λόγων... καλῶς τε καὶ τελέως
ἐστὶν ἡ τέχνη ἀπειργασμένη, πρότερον δ᾽ οὔ ἀλλ᾽ ὅ τι ἂν αὐτῶν

Isokr. § 14. 15. καὶ μὲν γὰρ
δυνάμεις καὶ τῶν λόγων καὶ τῶν
ἄλλων ἔργων ἁπάντων ἐν τοῖς
εὐφυέσιν ἐγγίγνονται καὶ τοῖς περὶ
τὰς ἐμπειρίας γεγυμνασμένοις· ἡ
δὲ παίδευσις τοὺς μὲν τοιούτους
τεχνικωτέρους καὶ πρὸς τὸ ζη-
τεῖν εὐπορωτέρους ἐποίησεν...
τοὺς δὲ καταδεεστέραν τὴν φύσιν
ἔχοντας ἀγωνιστὰς μὲν ἀγαθοὺς
ἢ λόγων ποιητὰς οὐκ ἂν ἀποτελέ-
σειεν, αὐτοὺς δ᾽ ἂν αὐτῶν προα-
γάγοι...
§ 16. λαβεῖν τὴν ἐπιστήμην
... ἔτι δὲ τῶν καιρῶν μὴ δια-
μαρτεῖν... § 17. καὶ δεῖν τὸν μὲν
μαθητὴν πρὸς τῷ τὴν φύσιν ἔχειν,
οἵαν χρή, τὰ μὲν εἴδη τὰ τῶν
λόγων μαθεῖν, περὶ δὲ τὰς χρή-

45) S. darüber Zycha a. a. O. S. 40 – 42 und Blass a. a. O.
II². S. 108 ff.

τις ἐλλείπη, λέγων ἢ διδάσκων ἢ
γράφων, φῇ δὲ τέχνῃ λέγειν, ὁ
μὴ πειθόμενος (näml. ἀκουστής)
κρατεῖ.

σεις αὐτῶν γυμνασθῆναι ... § 18.
καὶ τούτων μὲν ἁπάντων συμπε-
σόντων τελείως ἕξουσιν οἱ φιλοσο-
φοῦντες· καθ᾽ ὃ δ᾽ ἂν ἐλλεί-
ρθῃ τι τῶν εἰρημένων, ἀνάγκη
ταύτῃ χεῖρον διακεῖσθαι τοὺς πλη-
σιάζοντας.

Bezeichnend genug ist der Protest des Isokrates dadurch noch
etwas verschleiert, dass der nämliche Ausdruck εἴδη τῶν λόγων bei
ihm etwas ganz Anderes als bei Platon bezeichnet⁴⁰). Wenn nun
aber Holzner (S. 24) fragt, ob es wohl glaublich sei, dass Isokrates dieselbe Ueberzeugung, wenn er eingestandenermassen sie
mit Beihülfe Platons gewonnen hätte, noch in der Antidosis wörtlich
durch Einlegung von XIII, 14—18 (in XV, 194) und durch Um-
schreibung (in § 187) wiederholt haben sollte, so ist zu antworten:
warum denn nicht, wenn es noch immer seine Ueberzeugung war?
Es konnte ihm doch nur zum Ruhme gereichen, wenn er diese unter
dem Freundeseinflusse Platons gewonnene Ueberzeugung desshalb
nicht aufgab, weil inzwischen die Freundschaft sich in Feindschaft
verwandelt hatte. Ja es ist noch ein gut Stück mehr glaublich, weil
es thatsächlich ist: Isokrates hat in der Zwischenzeit sogar noch Etwas
zugelernt, und zwar gerade in weiterer Annäherung an Platon: an
die Stelle der blossen ἐπιστήμη τῶν εἰδῶν τοῦ λόγου ist jetzt Sachkenntniss, ἐπιστήμη, ἥ τις ἂν ἡ περὶ ἑκάστου, getreten.

Ich habe freilich gewissermassen zugegeben⁴⁷), dass sich
Isokrates durch einiges im Phaedros gegen die andern Sophisten,
Rhetoren und Redner Gesagte mit getroffen fühlen mochte. So gilt
dies in der That, worauf ich unten zurückkommen werde, von dem
Hieb auf Gorgias 267 A B. Daraus ist aber nicht mit Holzner
zu schliessen, dass Platon auch die Absicht gehabt habe, ihn mit-
zutreffen. Dieser Schluss geht vielmehr von der unrichtigen Meinung aus, als ob Platon ihn annähernd schon damals durchschaut
hätte. Wäre dies der Fall gewesen, so müsste er ja vielmehr bereits

46) S. darüber auch Holzner a. a. O. S. 17 ff. A. 12.
47) De Plat. Phaedro S. VIII. Was jedoch Holzner S. 27 Anm.
mich sagen lässt, habe ich keineswegs gesagt.

annähernd auch erkannt haben, welch eine durch und durch un-
philosophische Natur dieser sein Freund war, und dann hätte er
nicht am Schlusse des Dialogs 279 A sagen können: φύσει γὰρ …
ἔνεστί τις φιλοσοφία τῇ τοῦ ἀνδρὸς διανοίᾳ. Wie gross oder nicht
gross im Uebrigen diese schliessliche Lobeserhebung ist, durch welche
nach Gerckes insoweit, aber freilich (s. unten) auch nur insoweit,
richtiger Bemerkung (S. 380) dieser Dialog dem Isokrates dedicirt
wird, darauf kommt es wiederum nicht an, sondern nur darauf, dass
sie so gross ist, wie Platon sie überhaupt bei dem allergünstigsten
Vorurtheile nur aussprechen konnte, und zwar mit Unrecht. Nur
aber soll man Nichts in die Worte hineinlegen, was durchaus nicht
in ihnen liegt, und sie dadurch in eine Art Tadel verwandeln, nämlich
Isokrates möge wissen, dass erst ein göttlicherer Zug ihn ergreifen
müsse, wenn er ein wirklicher Philosoph werden wolle[47b]). Dies
steht nicht da, sondern vielmehr, eben weil etwas Philosophisches
in seiner Natur liege, werde es nicht zu verwundern sein, wenn er
einst nicht bloss in der jetzt von ihm betriebenen Art von Reden
alle seine Nebenbuhler wie Kinder hinter sich zurücklassen, sondern ·
auch dies ihm noch nicht genügen, vielmehr ein göttlicherer Zug
ihn zu etwas Grösserem führen sollte, d. h. natürlich zur Philosophie:
ὥστε οὐδὲν ἂν γένοιτο θαυμαστὸν προϊούσης τῆς ἡλικίας εἰ περὶ αὐτούς
τε τοὺς λόγους, οἷς νῦν ἐπιχειρεῖ, πλέον ἤ, παίδων διανέγκοι τῶν πώποτε
ἁψαμένων λόγων, ἔτι τε (εἴτε Bodl. und Cic. wahrscheinlich mit Recht)
εἰ αὐτῷ μὴ ἀποχρήσει ταῦτα, ἐπὶ μείζω δέ τις αὐτὸν ἄγοι ὁρμὴ θειοτέρα.
Selbst wenn man diese Worte so weit abschwächen wollte, dass
Nichts übrig bliebe als eine Aufforderung an den Isokrates Philosophie zu treiben, würde dies immer noch einschliessen, dass
Platon ihm damals auch dazu die Fähigkeit zutraute und die
Hoffnung hegte, er werde von derselben Gebrauch machen, denn
sonst wäre diese Aufforderung ja ein Unding.

In einem Punkte muss ich aber auch hier noch Gercke
widersprechen. Er hat sich (S. 368. A. 3) durch die unrichtige Behauptung Holzners (S. 15) imponiren lassen, wie 272 A durch
προσλαβόντι Nebenerfordernisse angereiht werden, so werde auch

---

47b) So Teichmüller a. a. O. 66.

269 D durch προσλαβών die ἐπιστήμη und die μελέτη erst in die
zweite Linie gegen die φύσις gestellt, und dieser gleiche Ausdruck
beweise auch, dass Dasjenige, was hier ἐπιστήμη heisst, nur auf jene
Nebenerfordernisse sich erstrecke. In Wahrheit lässt das Wort
προσλαμβάνειν einen zwiefachen Sinn zu, indem es auf das Accidentelle,
aber auch auf das zeitlich Spätere gehen kann: in der ersteren Bedeutung wird es nun 272 A gebraucht, aber es ist eine falsche Consequenzmacherei, daraus zu schliessen, dass es 269 D nicht vielmehr
in der letzteren gebraucht sein könne. Im Gegentheil wenn ich
sage: „falls du ein tüchtiger Redner werden willst, musst du zunächst
die Anlage dazu haben, dann aber musst du dir Kenntniss und
Uebung hinzuerwerben", so habe ich doch damit noch nicht im
Mindesten ausgesprochen, dass diese Erwerbniss weniger wichtig sei
als die Angeburt, ja ich kann sie desshalb immer noch sogar für
wichtiger halten. Holzner (S. 12 ff.) hat nun hieraus geschlossen,
dass 269 D von einem ganz anderen Redner gesprochen werde als
im Folgenden, dort nämlich von einem geschickten Redner gewöhnlichen Schlages, hier von dem Redner im idealen Sinne, und Gercke
(S. 367 f.) ist ihm darin nachgefolgt. Allein dies ist gerade der
Grundirrthum Holzners, auf dem er das Gebäude seiner meisten
Argumentationen mit einer solchen Folgerichtigkeit aufgebaut hat,
dass wer ihm die Voraussetzung zugiebt, sich auch seinen Folgerungen schwerlich wird entziehen können: noch in jenem schliess-
lichen Lobe des Isokrates soll nach ihm das erste Glied εἰ περὶ —
λόγων auf die Leistungen eines Redners ersterer Art, das zweite
εἴτε oder ἔτι τε — θειοτέρα auf die des letzteren Redners gehen.
Um diese Voraussetzung aufrecht zu erhalten, sieht er sich nun genöthigt in völliger Umkehrung des platonischen Sprachgebrauchs
und ohne zu merken, dass gerade der Abschnitt 268 A — 269 D, auf
welchen er sich (S. 14 f.) beruft, auf das Entschiedenste gegen ihn
spricht, indem hier das vermeintliche ἐπίστασθαι der Dilettanten von
den Fachmännern nicht als solches anerkannt wird[48]), τέχνη 269 D

---

[48] Holzner selbst bemerkt sehr richtig, dass das dem Phaedros
268 B in den Mund gelegte προσεπίσταται „ironisirend" ist, „insofern ja
gerade das als Inhalt des προσεπίστασθαι Angegebene sich später als das
Hauptsächliche ... entpuppt".

als das Höhere, nämlich die wahre Wissenschaft, ἐπιστήμη dagegen, wie gesagt, nur als die Kenntniss des mechanischen Handwerkszeuges der Rhetorik, wie es in den rhetorischen Lehrbüchern gegeben wurde, zu deuten. Darin hat er nun natürlich Widerspruch von allen Seiten gefunden, auch bei Gercke, der auf die Auseinandersetzung Zellers⁴⁶ᵇ), beiläufig auch auf 276 A verweist. Aber man sieht nicht, wie denn sonst jene Annahme gerettet werden könnte, und gerade Zeller hat meines Erachtens ihre Unhaltbarkeit einleuchtend dargethan. Nun ist freilich zweifelhaft, wie Gercke (S. 367) richtig andeutet, ob in den Worten ὅσον δὲ αὐτοῦ τέχνη, das αὐτοῦ Masculinum = τοῦ τελέου ἀγωνιστοῦ oder ῥήτορος ἐλλογίμου oder aber Neutrum = τοῦ δύνασθαι ist, aber in jedem Falle geht aus diesem Worte hervor, dass im Folgenden, sei es von demselben Manne, sei es von derselben Sache die Rede und folglich unter dem τέλεος ἀγωνιστής oder ῥήτωρ ἐλλόγιμος genau der Nämliche wie im Folgenden, also wenn dort, so auch hier der Redner im idealen Sinne verstanden ist. Aber auch Zeller hat nicht das Richtige gesehen, wenn er meint, dass in dieser Stelle τέχνη nur ein anderer Ausdruck für ἐπιστήμη sei. Denn im Folgenden erscheint als diese τέχνη nicht mehr die Dialektik, die doch ihrem Inhalte, der Ideenlehre, nach und ebenso ihrer Form, der Begriffsbildung und Eintheilung, nach im Sinne Platons die einzig wahre ἐπιστήμη ist, sondern die ausdrücklich als ein Theil der von ihm bekanntlich nicht mehr als strenge Wissenschaft betrachteten Physik oder Naturkunde bezeichnete Psychologie und die Kenntniss der verschiedenen Arten von Rede und die Verflechtung beider mit einander, wozu dann noch Nebenerfordernisse kommen. Der wahre Sachverhalt kann daher kaum ein anderer sein, als wie ich ihn früher dargestellt habe⁴⁹): es wird zunächst 259 C — 266 C der διαλεκτικός gefunden⁵⁰), dann aber wird zugestanden, dass dieser als solcher noch nicht der ῥητορικός ist, 266 C. ΦΑΙ. (dem aber Sokrates nicht widerspricht): τοῦτο μὲν

48ᵇ) Arch. f. Gesch. der Philos. IX. N. F. II. 1896. S. 525 f.
49) De Plat. Phaedro S. IX ff.
50) Und zwar zuerst nach Seiten der metaphysischen Sachkenntniss 259 C — 263 C, darauf nach der der logischen Schulung der Gedankenordnung 263 E — 266 C.

τὸ εἶδος ὀρθῶς ἔμοιγε δοκεῖς καλεῖν, διαλεκτικὸν καλῶν· τὸ δὲ ῥη-
τορικὸν δοκεῖ μοι διαφεύγειν ἔθ' ἡμᾶς, dann zeigt sich 265 C —
269 D, dass der Letztere auf dem Wege der bisherigen Τέχνη ῥητορική und ihrer Seitenverwandten nicht gefunden werden kann,
endlich wird 269 D — 272 B positiv dargelegt, was zu ihm gehört,
welche Elemente der ἐπιστήμη ausser der Dialektik die ihm nöthige
Einsicht ausmachen, die denn freilich nicht mehr reine, sondern an-
gewandte, nicht mehr strenge, sondern nur noch approximative
ἐπιστήμη sind, ja schrittweise immer mehr in das Gebiet der ὀρθὴ
δόξα und schliesslich sogar der richtigen Beurtheilung des Einzelnen
hinabsteigen. Diese sind es, welche Platon hier τέχνη nennt, indem
er in der That hier die Grundzüge giebt, deren Ausführung eine
neue Τέχνη ῥητορική in seinem Sinne, wie er sie von Isokrates hoffte,
ergeben würden. Für das Nähere verweise ich auf meine frühere
Darstellung. Platon versteht recht wohl, dass er, wenn er Reden
schrieb wie die beiden des Sokrates, sich nicht mehr auf dem Gebiete der reinen διαλεκτική, sondern auf dem der ῥητορική bewegte,
und dass er in der mythischen Darstellung überall ein Gleiches that,
die er doch nach seinem ganzen Standpunkte und seiner ganzen
Eigenthümlichkeit nicht entbehren konnte und mochte. Darum war
es ihm Bedürfniss, neben der Dialektik auch eine wahre Rhetorik
zu construiren. So hat zuerst Hirzel[51]) den Sachverhalt richtig
aufgefasst, und Gercke, welcher ihn ebenso ansieht, durfte nicht
(S. 380) behaupten, der Phaedros sei nicht Programm für die Schule
des Platon, sondern nur, was allerdings zugleich der Fall ist, für die
des Isokrates, wie Platon ihre Gestaltung erhoffte. Und es liegt in der
Natur der Sache, dass Platon, nachdem ihm einmal diese Erkenntniss
aufgegangen war, seine Meinung hierüber unmöglich wieder geändert
haben kann, was mich denn, beiläufig gesagt, stets gegen den Gedanken misstrauisch gemacht hat und noch macht, als könnte der
Gorgias, in welchem schlechthin die ῥητορική verworfen wird, später
geschrieben sein als der Phaedros. Dass es nun freilich auch einen
Redner gewöhnlichen Schlages geben kann, welcher bloss von richtiger Vorstellung geleitet wird, aber doch das löbliche Bestreben hat,

---

51) Ueber das Rhetorische und seine Bedeutung bei Plato, Leipzig 1871.

der Wahrheit und nicht dem Schein und Trug zu dienen, konnte Platon von diesem Standpunkte aus nicht entgehen, aber er hatte durchaus kein Interesse, dies besonders hervorzuheben und damit deutlich hervortreten zu lassen, dass das erste Glied seiner Preisung des Isokrates durch den Mund des Sokrates εἰ περὶ αὐτοὺς τοὺς λόγους, οἷς νῦν ἐπιχειρεῖ, πλέον ἢ παίδων διενέγκοι τῶν πώποτε ἀψαμένων λόγων allerdings noch kein über diese Sphäre hinausgehendes Lob enthielt.

Dass Lysias wahrscheinlich schon 379, jedenfalls 378 starb[52]), der Phaedros aber noch bei dessen Lebzeiten geschrieben sein muss, geben natürlich Alle zu, aber Thompson, Teichmüller[53]), Holzner und Lutoslawski (S. 350 ff.) haben doch das Möglichste geleistet, das Erscheinen dieses Dialogs wenigstens bis in die äusserste Grenze dieses Zeitraums, nämlich bis 379 hinabzudrücken, obwohl doch schon die Erwägung, wie bedenklich eine Annahme ist, die nur noch so eben an der Möglichkeit hängt, hiervon hätte abhalten sollen. Platon soll nämlich unter den λόγοι des Isokrates, οἷς νῦν ἐπιχειρεῖ, den Panegyrikos verstanden haben. Thompson in seiner 1868 in London erschienenen, in Deutschland und überhaupt auf dem Continent unbeachtet und unbekannt gebliebenen Ausgabe[54]) meinte sogar, der Angriff gegen Gorgias 267 A. B sei in Wahrheit gegen diesen Panegyrikos gerichtet, in welchem Isokrates das dem Gorgias Zugeschriebene als seine eigene Meinung ausspricht: IV, 8. ἐπειδὴ δ' οἱ λόγοι τοιαύτην ἔχουσι τὴν φύσιν, ὥσθ' οἷόν τ' εἶναι περὶ τῶν αὐτῶν πολλαχῶς ἐξηγήσασθαι, καὶ τά τε μεγάλα ταπεινὰ ποιῆσαι καὶ τοῖς μικροῖς μεγάλα περιθεῖναι, καὶ τά τε παλαιὰ καινῶς διελθεῖν καὶ περὶ τῶν νεωστὶ γεγενημένων ἀρχαίως εἰπεῖν κ. τ. λ., und Lutoslawski (S. 347 f. 351 f.) hat sich dem angeschlossen. Er hätte besser gethan dies Licht Thompsons ruhig unter dem Scheffel stehen zu lassen, denn diese Vermuthung ist ein sehr unglücklicher Einfall. Platon führt natürlich jenes Programm des Gorgias tadelnd an, weil Gorgias es wirklich aufgestellt hatte, genau ebenso wie er von den Lehren des Teisias, Thrasymachos und aller jener Andern in kritischer Betrachtung handelt, und wenn

---

52) S Blass a. a. O. I². S. 344.
53) a. a. O. S. 58 ff.
54) Auch ich kenne sie nicht und weiss das Folgende nur aus den Mittheilungen von Lutoslawski.

daher trotzdem Isokrates im Panegyrikos diesen Satz wiederholt, so
thut er es dem Platon zum Trotz; hätte er ihn schon eher ausgesprochen, als der Phaedros geschrieben ward, so hätte er sich dadurch nur den gleichen Tadel wie Gorgias zuziehen können und
nicht das auch diesem Tadel entgegengestellte Lob am Schlusse.
Aber, sagt man, vor Eröffnung seiner Schule verfasste Isokrates nur
gerichtliche Reden, und diese kann der platonische Sokrates mit denen,
οἷς νῦν ἐπιχειρεῖ nicht gemeint haben, denn an dieser Art von Reden
fand Platon ja keinen Gefallen. Dies Letztere mag sein, allein daraus
folgt doch nicht, dass er nicht hätte dem Isokrates die Anerkennung
aussprechen können, derselbe sei wenigstens der weitaus bedeutendste
von dieser Art Rednern, d. h. überhaupt den Rednern gewöhnlichen
Schlages, den nichtphilosophischen Rednern. An dessen im Anfang
der Achtzigerjahre geschriebenem Busiris ferner fand er doch sicher
noch weniger Gefallen, und die Frage, ob ihm der Panegyrikos so
besonders gefallen musste oder auch nur konnte, durfte doch wenigstens nicht ohne Weiteres bejahend beantwortet werden, im Gegentheil das schon Bemerkte führt schon hinlänglich auf eine verneinende
Antwort. Aber, sagt Holzner (S. 5 f.), die gerichtlichen Reden des
Isokrates waren ja nicht minder unphilosophisch und rabulistisch als
die des Lysias, und das ist endlich einmal ein Argument, welches
sich hören lässt; allein wenn sich Platon bei Abfassung des Phaedros
überhaupt noch über Isokrates täuschte, warum soll er da sich damals
nicht auch noch hierüber haben täuschen können? Isokrates war 379
bereits 57 Jahre alt, wenn ihn also bis dahin ein göttlicherer Trieb
noch nicht zur Philosophie geführt hatte, ist es da irgend denkbar,
dass Platon hätte hoffen können, es werde das jetzt noch geschehen?
Es ist doch schon sonderbar genug, wenn er auch nur von dem
43jährigen noch einigermassen diese Hoffnung hegt, und so wird
wohl die abschwächende Lesart εἴτε εἰ den Vorzug verdienen[55]), nach
welcher Sokrates nicht sowohl das Geringere, Isokrates werde der
grösste Meister im Fache der ausserhalb der Philosophie liegenden
Reden werden, als auch jenes Grössere von demselben erwartet,
sondern nur entweder wenigstens das Erstere oder aber sogar auch

---

55) Vgl. Susemihl De Pl. Ph. S. XI. A. 21.

das Letztere. Und nun fasse man doch einmal, was Zeller[56]) mit Recht betont, den Sachverhalt genau ins Auge! Die Scene des Phaedros fällt zwischen 410 und 407, äusserstenfalls 411 und 406, in dieser Zeit hatte aber Isokrates noch gar keine Reden geschrieben. Wenn also Platon den Sokrates von denjenigen sprechen lässt, οἵς νῦν ἐπιχειρεῖ, so ist das bereits ein Zeitverstoss, aber ein durchaus nicht auffälliger; wenn er sich damit aber auf solche λόγοι beziehen soll, welche Isokrates erst 19 Jahre nach dem Tode des Sprechers herausgegeben hat, als er schon 56 Jahre zählte, und ihn dabei trotzdem als einen νέος bezeichnen und von ihm prophezeien, er werde προϊούσης τῆς ἡλικίας wohl noch Grösseres erreichen, so ist das geradezu eine Ungeheuerlichkeit.

Und selbst um diesen Preis kommt die Stilstatistik noch nicht aus dem Gedränge. Nach ihren Ergebnissen, wie sie Lutoslawski mit unsäglich mühsamem Fleisse zusammengestellt hat, müsste der Phaedros, wie gesagt, nach der Republik entstanden sein; dass diese aber schon vor 379 abgeschlossen worden wäre, ist zunächst bereits sehr unwahrscheinlich. Nun aber hat neuerdings nicht bloss Hirmer[57]), sondern auch Lutoslawski (S. 273 ff,) selbst überzeugend dargethan, dass sie ein nach einem einheitlichen, von vorn herein ihren ganzen jetzigen Inhalt und so auch den des 10. Buches trotz der etwas losen Anknüpfung des letzteren umfassenden Plane gearbeitet ist. Dann aber ist es schwer denkbar, dass Platon die Arbeit an ihr durch Abfassung einer oder mehrerer anderer Schriften unterbrochen haben sollte. Doch wollte man darüber auch hinwegsehen, so steht doch zunächst so viel fest, dass der Phaedros vor ihrem 10. Buche geschrieben ist. Denn dort wird die Präexistenz der Menschenseele auf alle ihre drei Theile ausgedehnt, hier, wobei Platon immer blieb, auf den vernünftigen beschränkt, wenn er sich auch damit begnügt, dies hier 611 C. D nur durch ein Gleichniss zu bezeichnen[58]). Hieraus müsste man jene Folgerung auch dann ziehen,

---

56) Arch. f. Gesch. der Philos. IX. N. F. II. 1896. S. 725.
57) Entstehung und Komposition der platonischen Politeia, Jahrb. f. Philol. Suppl. N. F. XXIII. Leipzig 1897. S. 583—678.
58) Es genügt, hiefür auf Zeller Ph. d. Gr. II¹, 1. S. 818 ff. 843 ff. zu verweisen.

wenn Deuschle[59]) und Hirzel[60]) Recht darin haben sollten, hierin
nicht eine Meinungsänderung zu erblicken, sondern dies daraus zu
erklären, dass der im Phaedros gewählte Mythos jene Ausdehnung
verlangt habe; ohnehin aber muss man doch fragen, ob da Platon
wohl nicht vielmehr dem Mythos eine Gestalt gegeben hätte, mit
welcher sich seine wahre Ansicht vertrug, und muss bedenken,
dass doch auch der Phaedon die Unsterblichkeit der Seele als
Ganzen lehrt. Aber wir werden noch einen Schritt weiter gehen
müssen, wenn anders Spengel[61]) doch wohl mit Recht die Hinweisung auf Leute, welche, gewandt in ihren Künsten, aber ohne
einen Funken wahrhaft philosophischen Geistes sich dennoch auch
in die Philosophie eindrängen und mit ihrem banauischen Sinne
Philosophen heissen wollen, VI. 495 C ff., auf Isokrates bezieht.
Denn dann muss der Phaedros auch schon vor dem 6. Buche der
Politeia, und zwar sogar geraume Zeit früher, innerhalb derer sich
das Urtheil über diesen Mann am Schlusse jenes Dialogs so geradezu in das Gegentheil verwandeln konnte, zur Welt gekommen
sein. Und nach der Behandlung der höchsten Ideen in jenem
6. Buche, müsste doch die Einführung der Ideenlehre im Phaedros
247 C mit τολμητέον γὰρ οὖν τό γε ἀληθὲς εἰπεῖν geradezu komisch
wirken. Der im Phaedros, wie gesagt, erst ausgeprägte Kunstausdruck διαλεκτικός und διαλεκτική ist endlich dem 7. Buche der Politeia ganz geläufig.

Es hilft auch Nichts, dass Gomperz[62]) den Stilstatistikern
durch die Hypothese unter die Arme zu greifen versucht hat, wir

---

59) Die platon. Mythen, Hanau 1854. S. 21 ff. 25.
60) a. a. O. S 37 ff.
61) Philologus XIX. 1863 S. 594—598. Es ist eine bekannte
Sache, dass die Gorgianer Isokrates und Alkidamas mit dem Worte φιλοσοφία
ihre rhetorischen Bestrebungen bezeichneten; so aber, worauf Scheel De
Gorgianae disciplinae vestigiis, Rostock 1890. S. 9 f. Anm. S. 30. Anm.
aufmerksam machte, auch der Verfasser der pseudo-gorgianischen Helene § 13
und schon Gorgias selbst Fr. 28 Sauppe, wenn anders dies Witzwort wirklich
von ihm herrührt; und damit entfällt denn allerdings gerade dasjenige Argument, welches Gercke (S. 378 f.) als das wichtigste für die Abfassung
des Phaedros vor der Sophistenrede des Isokrates bezeichnet.
62) Platon. Aufsätze. I. Zur Zeitfolge der platon. Schriften, Wien
1887. S. 28 f. — Wiener Sitzungsber., hist.-phil. Cl. CXIX. S. 766 f.

besässen den Phaedros in einer späteren Ueberarbeitung Platons. Denn abgesehen davon, dass sich keine Spur findet, welche diese Hypothese irgend rechtfertigen könnte, widerlegt sich dieselbe einfach dadurch, dass Platon unmöglich bei dieser Umarbeitung den nunmehr absurd gewordenen Schluss hätte stehen lassen können. Sie hat denn auch bei Niemandem Anklang gefunden, und so urtheilt Zeller[63]) sehr richtig, dass dieser Dialog vor allen anderen die Unzulänglichkeit der Stilstatistik für die Bestimmung der Abfassungszeit platonischer Schriften und die Unmöglichkeit die platonische Frage in ein blosses Rechenexempel zu verwandeln beweist. Es ist eine falsche Methode, wenn die Vertreter und Anhänger dieser Statistik des Wortgebrauchs von allen auf anderem Wege gewonnenen Ergebnissen nur diejenigen benutzen, welche mit ihren eigenen übereinstimmen, und diese auch dann für richtig halten, wenn sie es nicht sind, alle anderen aber theils ignoriren, theils durch vielfach verunglückte und oft recht oberflächliche Widerlegungen sich vom Leibe zu halten suchen. Man wird vielmehr umgekehrt verfahren müssen, indem man die Resultate dieser Statistik da, wo sie mit den anderweitig errungenen übereinkommen, was ja häufig genug der Fall ist, als eine werthvolle Bestätigung der letzteren ansieht, da aber, wo das Gegentheil eintritt, sich dies nicht im Mindesten anfechten lässt, endlich da, wo gleich starke anderweitige Gründe mit einander in Streit gerathen sollten, denjenigen den Vorzug giebt, welche durch diese Statistik unterstützt werden. Damit bleibt denn die letztere immer noch ein unverächtliches Hülfsmittel, und Campbell und Lutoslawski, um nur diese Beiden zu nennen, haben keineswegs umsonst gearbeitet. Die Entwickelung des Wortgebrauches bei Platon bewegt sich nun einmal nicht in einer geraden Linie, auch nicht bei Lutoslawskis vorsichtiger und allseitig abwägender Rechnungsweise, durch welche diese ganze Methode überhaupt erst brauchbar geworden ist, sondern in einer Schlangenlinie, deren Windungen bald gering und bald äusserst umfänglich sind[64]). Dass gerade beim Phaedros der letztere Fall eintritt, hängt

---

63) Arch. f. Gesch. der Philos. X. N. F. III. 1897. S. 595.
64) Ein analoges Beispiel bietet der Versuch Zirndorfers dar, die Chronologie der euripideischen Stücke aus dem Bau der Trimeter zu

ohne Zweifel mit dessen sonstigen stilistischen Eigenthümlichkeiten, auf die Platon selber aufmerksam macht, und Beides damit zusammen, dass dieser Dialog das Programm des ganzen ausgebildeten Platonismus ist mit dem Leitstern der Ideenlehre, welche hier zuerst ausdrücklich, wenn auch noch in mythischer Hülle, ausgesprochen wird.

Natorp setzt in seiner Abhandlung über diese Schrift⁶·) die Entstehung derselben in die gleiche Zeit, wie ich zuletzt gethan habe, aber sein Gedanke, dass die λόγοι, οἷς νῦν ἐπιχειρεῖ, auf die Sophistenrede des Isokrates, welche er zu früh spätestens ins Jahr 394 verlegt, zu deuten seien, ist kaum viel glücklicher als der eben widerlegte. Auch so noch hätte Platon den Sokrates auf Grund einer erst Jahre nach dessen Tode von einem angehenden Vierziger verfassten Schrift mit Bezeichnung von deren Verfasser als einem νέος prophezeien lassen, was noch wohl προϊούσης τῆς ἡλικίας aus demselben werden würde. Und wenn man die Sache genau nimmt, so würde die Verkündung in ihrem ersten Gliede besagen, dass Isokrates in Programm- und Streitschriften, nach diesem Exempel zu urtheilen, alle Anderen einst überflügeln werde, und das wäre doch ein mässiges Lob gewesen, da diese Art von Litteratur ja keine besonders zahlreiche war und nach der Natur der Sache sein konnte. Ich habe Natorp nicht zu überzeugen vermocht, dass das Verhältniss beider Schriften zu einander das umgekehrte ist, aber ich hoffe, dass Gercke ihn jetzt, wenn er nicht inzwischen ins Lager der Stilstatistiker übergegangen sein sollte, hiervon überzeugt hat, und dann wird er einsehen, dass Alles, was Isokrates im ersten Theile § 1—8 gegen die Eristiker ausführt, mit welchem Namen dieser bekanntlich die Philosophen zu bezeichnen pflegt, wiederum nicht ins Blaue hinein gegen Gott weiss welche Sophisten, sondern gegen einen einzigen damals in Athen wirkenden Concurrenten gerichtet ist, dass dies, was anzunehmen Natorp ja selbst schon ge-

ermitteln. Unzweifelhaft ist die Zahl der Auflösungen und Anapäste in demselben bei diesem Dichter in stetigem Wachsen, aber dennoch schlug Zirndorfers Versuch fehl, weil er diesen Verlauf als einen streng geradlinigen auffasste.

65) Philologus XLVIII. N. F. II. 1889. S. 428 449. 583—628.

neigt genug war, kein Anderer als Antisthenes sein kann. dass
Siebeck[64]) meine Widerlegung seiner Aufstellungen in dieser
Hinsicht[65]) folglich nicht, wie Natorp (S. 617) glaubt, widerlegt
hat, und dass mithin die Deutung von § 8 f., nach welcher Isokrates
schon hier klipp und klar sagt, Glückseligkeit sei nicht Sache des
Wissens, weil eine Frage der Zukunft, die einzig mögliche ist. Ob
diese weise Begründnng der letzteren Behauptung von Isokrates
selbst erfunden ist, oder ob er sie von einem anderen Weisen auf-
gegriffen hat, ist für die vorliegende Frage vollständig gleichgültig.

Dass auch der Phaedon nicht, wie jene Statistiker verlangen
müssen, vor, sondern erst nach dem Phaedros geschrieben ist, hat
Gomperz[66]) „unwidersprechlich dargethan durch den einfachen Hinweis auf die beiden Stellen 76 D und 100 B, von denen namentlich
die letztere den von F. Schultess[67]) vorgeschlagenen Ausweg ab-
schneidet, die Ausdrücke ἃ θρυλοῦμεν ἀεί, ἐκεῖνα τὰ πολυθρύλητα, statt
auf frühere Schriften, auf frühere, von der Ideenlehre handelnde
Partien derselben Schrift zu beziehen; es heisst nämlich in der letzteren Stelle ausdrücklich: οὐδὲν καινόν, ἀλλ' ὅπερ ἀεί καὶ ἄλλοτε καὶ
ἐν τῷ παρεληλυθότι λόγῳ οὐδὲν πέπαυμαι λέγων. Aber schon die
erste Einführung der Lehre im Phaedon 65 D. φαμέν τι εἶναι δίκαιον
αὐτὸ ἢ οὐδέν; Φαμέν μέντοι νή Δία lässt sich kaum verstehen, wenn
nicht die Lehre als längst bekannt vorausgesetzt wird. Dagegen
deutet im Phaedros", wie schon gesagt, „gerade die Einführung mit
den Worten 247 C. τολμητέον γὰρ οὖν τό γε ἀληθὲς εἰπεῖν die Neu-
heit der Sache an"[68]).

Nun hat ja aber freilich F. Schultess[69]) behauptet, dass im
Phaedon die Ungetheiltheit der Menschenseele gelehrt werde und
dies Platons ältester Standpunkt in der Psychologie sei, und Lutoslawski (S. 282) versichert natürlich, dass dies noch von Niemandem
widerlegt sei. Was ihm an den bisherigen Widerlegungsversuchen

---

64) Untersuchungen². S. 138. A. 1.
65) De Platonis Phaedro S. IV.
66) a. a. S. 10 — 748 ff.
67) Deutsche L.-Z. 1888. Sp. 348.
68) Natorp a. a. O. S. 605.
69) Platonische Forschungen, Bonn 1875. S. 53 ff.

nicht genügt, sagt er jedoch nicht, und da doch auch er den Gorgias
für älter hält als den Phaedon, so dünkt mich, er müsste es gelten
lassen, wenn ich hervorhob [70]), dass Platon schon in dem ersteren
Dialog verschiedene Theile der Seele und unter ihnen bereits den
begehrlichen annimmt: 493 A. τῆς δὲ ψυχῆς τοῦτο, ἐν ᾧ ἐπιθυμίαι
εἰσί. Indessen auch Gomperz (S. 12 = 750 f.) meinte, möge man
die Abfolge Phaedros, Phaedon, Republik oder Phaedros, Republik,
Phaedon annehmen, immer komme man gleichfalls ins Gedränge,
dort durch die so gegebene Abfolge: Unsterblichkeit der ganzen
Seele, dann eines Theils, dann wieder der ganzen Seele, hier durch
diese: Dreitheilung der Seele, Einheitlichkeit derselben und wieder
Dreitheilung. Mir scheint aber die Sache einfach so zu liegen. Die
erstere Abfolge ist ohne Weiteres abzuweisen, denn es müsste als
viertes Glied noch hinzugefügt werden: und zuletzt wieder Unsterblichkeit bloss eines Seelentheils, da dies, wie gesagt, die Ansicht
ist, bei welcher Platon nach Ausweis des Timaeos und des Politikos
blieb [71]). Dagegen ist die Schwierigkeit im zweiten Falle nur eine
gemachte. Denn es lässt sich nicht beweisen, dass Platon, als er
den Phaedon schrieb, an die Dreitheilung der Seele nicht glaubte,
sondern es ist dies ein unberechtigtes argumentum e silentio. Von
einer unbedingten Einfachheit der Seele ist auch in dem Beweise
78 B — 80 D nicht die Rede, sondern nur davon, dass sie dem unbedingt Einfachen, den Ideen, näher als der Leib verwandt ist.
Und doch schliesst ja nach Platon auch dies unbedingt Einfache
eine Vielheit höherer und niederer Ideen in sich: was hindert also,
dass auch die einheitliche Menschenseele dennoch ähnlich einen
höheren und zwei niedere Theile hat? Nur das Eine muss ich jetzt
zugeben: wenn Platon damals schon die Präexistenz und Unsterblichkeit auf den vernünftigen Theil beschränkt hätte, hätte er dies
auch sagen müssen. Gerade daraus aber ist unter diesen Umständen
nur zu folgern, dass er die ganze Seele, auch wenn er ihr bereits
so gut wie sonst Theile beilegte, damals noch gerade wie im Phaedros
für unsterblich und präexistirend hielt. Dann aber ist verständiger-

---

70) Bursians Jahresberichte III. S. 301 f. A. 61.
71) Es genügt, hierüber wiederum auf Zeller Ph. d. Gr. II⁴, 1.
S 843 f. zu verweisen.

weise, wenn der Phaedros, wie sich gezeigt hat, dem Phaedon voraufging, lediglich anzunehmen, dass er bei der Abfassung des letzteren
Dialogs noch immer auf demselben Standpunkte stand wie bei der
des ersteren, d. h. also alle drei Seelentheile für präexistirend und
unsterblich ansah, und dass folglich der Phaedon älteren Datums
war als der Staat oder wenigstens dessen 10. Buch[72]). Ich unter-
lasse nicht hier zu wiederholen[73]), dass doch nach Platon die Ideen
(abgesehen von der Materie) die einzigen Realprincipien (ἀρχαί) sind,
und dass mithin die Darstellung im Schlussbeweise des Phaedon,
nach welcher die Seele nur in abgeleiteter Weise wegen ihrer un-
zertrennlichen Gemeinschaft mit der Idee des Lebens Princip des
letzteren und damit der Bewegung ist, als die gereiftere und folglich
spätere angesehen werden muss gegenüber der im Phaedros, in
welcher sie 245 C ff. ohne Weiteres als ἀρχὴ κινήσεως eingeführt
wird, mag dies nun, wie ich in diesem Falle glaube, bloss auf Rechnung der mythischen Einkleidung zu setzen sein oder auf einen
noch minder entwickelten Standpunkt hinweisen.

Dass ähnlich die Behandlung des Eros im Symposion, wie
schon Schleiermacher[74]) mit Recht behauptete, eine viel gereiftere
und methodischere ist als die in den beiden Reden des Sokrates
im Phaedros, kann meines Bedünkens nur von Denen bestritten
werden, welche im Banne jener Wortstatistik befangen sind. Doch
will ich dies hier nicht ausführen; vielleicht komme ich in der Fortsetzung dieser Forschungen noch wieder hierauf zurück[75]).

Hier fragt es sich nur noch, ob sich nach Beseitigung der
verkehrten Nachricht, dass Isokrates zuerst in Chios gelehrt habe[76]),
die Zeit genauer bestimmen lässt, in welcher er vom Schreiben gerichtlicher Reden zur Eröffnung seiner Schule überging und als Er-
öffnungsprogramm dieser seiner einzigen athenischen Schule die
Streitschrift wider die Sophisten in Umlauf setzte. Er braucht, wie

---

72) Vgl. über diese ganze Frage auch Natorp a. a. O. S. 596 - 605.
73) Nach Zeller Ph. d. Gr. II⁴, 1. S. 827 f A. 4.
74) Platons Werke II², 2. S. 259.
75) Einstweilen vgl. auch Natorp a. a. O. S. 608 f.
76) S. darüber Susemihl De vitis Tisiae etc. S. XIV—XVI.

ich jetzt hervorheben möchte, jene seine frühere Thätigkeit noch nicht sofort aufgegeben zu haben. Im Gegentheil nach seiner eigenen Darstellung in der Antidosis (XV, 93) hatte, wie man es sich ja ohnehin nicht anders denken könnte, seine Schule nicht sofort einen so grossen Zulauf, dass er von ihr allein ohne jene Thätigkeit als Nebenbeschäftigung bequem hätte leben können [77]. Obendrein behandelt der jedenfalls nach der Errichtung der Schule des Isokrates, aber auch schon nach der Stiftung von Platons eigener Schule [78]) geschriebene Euthydemos, in welchem der Philosoph ihm die ehemalige Freundschaft absagt, ihn noch als gerichtlichen Redenschreiber [79]), was denn, wenn anders Platon selber diesen prachtvollen Dialog geschrieben hat, noch wieder ein neuer Beweis dafür ist, dass die Sophistenrede des Isokrates diese Ernüchterung bei ihm hervorbringen half und folglich der Phaedros noch vor ihr entstanden sein muss. Denn lange nach ihr kann sonach Platon, wenn er den Euthydemos verfasste, ihn nicht verfasst haben [80]). Indessen die Aechtheit dieser Schrift ist von verschiedenen Seiten [81]) neuerdings wiederum angezweifelt oder geradezu bestritten worden, und es müssen daher erst diese neuen Anfechtungsgründe widerlegt werden, bevor man zu allen solchen Folgerungen von diesem Dialog Gebrauch machen darf, und diese Widerlegung gedenke ich wenigstens hier nicht anzutreten. Es genügt schon das eben Beigebrachte zur Begründung dafür, dass man die Entstehungszeit der beiden jüngsten unter den erhaltenen Gerichtsreden des Isokrates nicht zu dem Schlusse missbrauchen darf, als müsste seine Schule erst nach beiden ins Leben getreten sein. Von der jüngsten, dem erst in 390/89

---

77) Im Gegentheil hatte er nach dieser seiner eigenen Angabe zuerst nur 3 Schüler.
78) Wie dies bekanntlich Bonitz gezeigt hat. Vgl. auch meine Uebersetzung d. Dialogs.
79) 304 D. τούτων τις τῶν περὶ τοὺς λόγους τοὺς εἰς τὰ δικαστήρια δεινῶν.
80) Wie zuerst Christ Platon. Studien, Philos.-philol. Abhh. der Münchner Akad. XVII. 1886. S. 504 f. bemerkte. Vgl. Susemihl De Plat. Phaedro S. XI f.
81) Nämlich von Cron Zu Platons Euthydemos, Philos.-philol. Sitzungsberichte der Münchner Akad. 1892. S. 556—638 und Lüdecke Die Frage der Echtheit und Abfassungszeit des Euthydemus, Celle 1897. 8.

fallenden Aeginetikos (XIX), hat man dies längst eingesehen[82]), und da die betreffende Rechtssache nicht in Athen verhandelt wurde, wird wohl anzunehmen sein, dass Isokrates hier aus besonderen Gründen noch einmal als Advocat, während er es sonst nicht mehr that, einem Clienten seine Feder lieh. Doch ist immerhin möglich, dass er diese Wirksamkeit auch sonst noch neben seiner Lehrthätigkeit bis in diese Zeiten und vielleicht noch über dieselben etwas hinaus fortsetzte. Die andere, der Trapezitikos (XVII), gehört frühestens dem Ende des Jahres 392 oder dem Anfang von 391, spätestens dem Jahre 390 an, und zur Erhärtung der Annahme, dass Isokrates erst nach ihrer Abfassung zu lehren begonnen habe, kann sie sonach auch nicht verwerthet werden. Vielmehr war Philomelos, nach des Isokrates eigener Angabe XV, 93, nicht einer von dessen 3 ältesten, sondern erst von den 5 nächstältesten Schülern, im Jahre 388/7 bereits verheirathet[84]), also doch kaum nach 413 geboren, ja vielleicht ist es derselbe Mann, welcher bereits im Trapezitikos § 9. 45 als thätig in des Sprechers Sache erscheint[85]) und dann sogar kaum später als 415 geboren sein kann. Ferner Androtion, auch ein Schüler des Isokrates, aber noch nicht einmal einer dieser Fünf, war 355 schon über 30 Jahre als Staatsmann thätig[86]), und das doch wohl schwerlich früher als seit seinem 24. Lebensjahre, vor 376 ἐπιστάτης[87]), also kaum nach 410 geboren[88]). Wenn man nun nach diesen Daten auch annehmen muss, dass den Unterricht des Isokrates auch Leute benutzten, die nicht mehr ganz jung waren, so wird man den Beginn dieser Thätigkeit doch somit allem Anschein nach nicht später als 392 anzusetzen haben. Wahrscheinlich hat man aber auch nicht höher hinaufzugehen. Denn der Phaedros entstand, wenn jener Ansatz richtig ist, spätestens 393, aber er entstand auch wohl kaum früher als äusserstenfalls 394. Denn daran zweifelt ja jetzt ausser Usener wohl Niemand mehr, dass ihm der Menon voraufging und nicht nachfolgte. Es genügt zum Beweise dafür

82) S. Blass a. a. O. II². S. 235 f.
83) S. darüber Blass a. a. O. III, 2. S. 349, vgl. 341 f. II².
S. 229 f. Vgl. auch Susemihl De vitis Tisiae etc. S. XVI.
84) Lys. XIX, 15.   85) Blass a. a. O. II². S. 18.
86) Demosth. XXII, 66.   87) C. I. A. II, 27.
88) Blass a. a. O. III, 2. S. 342. II². S. 19 ff.

schon die Vergleichung der Art, wie die Präexistenz und Anamnesis
dort, und wie sie im Phaedros behandelt wird [89]). Der Menon kann
nun aber, wenn 90 A anachronistisch auf die Bestechung des Ismenias
im Jahre 395 angespielt wird, nicht früher als am Ende dieses Jahres
verfasst sein und wiederum, wenn die obige Rechnung zutreffend ist,
nicht später als 394, wahrscheinlich entstand er dann also genau
in dem letzteren Jahre. Neuerdings ist nun freilich die Richtigkeit
der Annahme dieser Anspielung wiederum bestritten worden, vor-
läufig noch ohne Angabe von Gründen [90]). Aber auch wenn man
sie nicht gelten lässt, kann man doch nicht viel weiter zurückgehen.
Denn zwischen dem Tode des Sokrates 399 und dem Menon waren
mindestens schon Apologie und Kriton [91]), wahrscheinlich doch auch der
Euthyphron, um vom Gorgias abzusehen, verfasst, und die Reisen
Platons nach Megara, Kyrene, Aegypten unternommen, um von denen
nach Grossgriechenland und Ionien wiederum nicht zu reden [92]).
In dem Auftreten des Anytos im Menon findet man ferner mit
Recht eine Anspielung auf die Anklage des Sokrates, und wenn es
95 A heisst, nachdem Anytos einmal erfahren haben werde, was es
heisse Anderen Uebles nachreden, werde er aufhören dem Sokrates
böse zu sein, so kann wenigstens ich dies nicht anders als mit Ueberweg [93]) von einem uns unbekannten Vorgang verstehen, bei welchem
Anytos unter übler Nachrede zu leiden hatte, der aber doch sicherlich
nicht schon vor dem Tode oder gar vor der Verurtheilung des Sokrates, sondern erst geraume Zeit hernach eingetreten sein kann [94]).

Indessen so gross meines Bedünkens auch die Wahrscheinlichkeit der obigen Berechnung ist, immer bleibt es nur eine Wahr-

---

89) Ich verzichte darauf, dies hier näher auszuführen, kann hierüber
auch einstweilen noch immer auf Susemihl Platon. Philos. I. S. 85 ff.
verweisen. Uebrigens vgl. noch Gomperz a. a. O. S. 5 - 743 ff. Natorp a. a. O. S. 591 ff.

90) Wilamowitz Herm. XXXII. S. 102.

91) Freilich ist die Aechtheit des Kriton neuerdings wieder ange-
fochten worden von Meiser in den Christ gewidmeten Abhandlungen,
München 1891.

92) Vgl. Susemihl Abfassungszeit des platon. Phaidros I Jahrb.
f. Ph. CXXI. 1880. S. 719—721 mit der theilweisen Berichtigung De
vitis Tisiae etc. S. XVII ff.   93) Untersuchungen S. 226.

94) Bei einer so unbestimmten Form der Prophezeiung ist dies
natürlich nicht im Mindesten anstössig.

scheinlichkeit, und sollte es sich also, was ich hier nicht untersuchen
will, als sicher bewähren, dass der Menon erst nach des Polykrates
bekanntlich frühestens Anfang 392 ans Licht getretenen Anklage des
Sokrates geschrieben sein könne [94 b], so würde ich mich entschliessen
müssen, diesen Dialog noch 392, den Phaedros 391, die Sophistenrede des Isokrates doch erst 390 zu setzen, freilich mit schwerem
Herzen, denn, wie schon gesagt, ich gehe ungern bis an die äusserste
Grenze des Möglichen.

Dass Platon seine Schule erst um 387 gegründet habe, ist
eine ganz willkürliche Annahme. Nichts hindert daran, dass es schon
um 393 (oder 391) geschah, und Alles spricht dafür, dass der Phaedros in der That auch das Programm dieser Gründung war [95]).

Zu dieser frühen Entstehung des Dialogs stimmt es auch auf
das Beste, dass die sonst im 4. Jahrhundert durchgehende, meines
Wissens nur noch von Isokrates im Busiris übertretene Sitte andere
noch lebende Schriftsteller weder in Tadel noch in Lob mit Namen
zu nennen hier noch nicht innegehalten ist. Wie lange übrigens
bei Isokrates auch nach eingetretenem Bruch die von Platon em-
pfangenen Einflüsse vielfach nachwirkten, hat neuerdings Gercke [96])
eingehend dargelegt.

4. Die Abfassungszeit des Theaetetos.

Ungleich schwieriger ist es, über die Abfassungszeit des
Theaetetos ins Reine zu kommen, da die äusseren Anhaltspunkte
hier zu keinem sicheren Ergebniss führen [97]).

---

94 b) S. die Abh. von Hirzel Polykrates' Anklage und Lysias' Ver-
theidigung des Sokrates, Rhein. Mus. XLII. 1887. S. 239—250 und gegen
ihn Schanz Ausg. der Apologie S. 89 ff., der mich aber auch nicht überzeugt hat, und Zeller Arch. f. Gesch. der Philos. I. 1888. S. 256.

95) Vgl. Susemihl De vitis Tisiae etc. S. XVII ff. De Plat.
Phaedro S. VIII f. und oben S. 30.   96) Ausg. des Gorgias S. L ff.

97) Auf die Ansicht von Bergk Wann ist Platons Theaetet verfasst?
Fünf Abhandlungen herausgeg. v. Hinrichs, Leipzig 1883. S. 1—40,
nach welcher die Entstehung dieses Dialogs erst zwischen 357 und 355
gefallen sein soll, gehe ich nicht ein. Denn sie ist sattsam von Rohde
Gött. gel. Anz. 1884. S. 9 ff. und Zeller Berl. Sitzungsber. 1886.
S. 637 ff. widerlegt und hätte überhaupt nie aufgestellt werden sollen, da
ja darüber Alle einig sind, dass auf den Theaetetos mindestens noch der
Timaeos, Kritias, Sophist, Staatsmann, Parmenides, Philebos und die Gesetze
folgten, was in einer Zeit von nur 7 bis 10 Jahren bis zu Platons Tode
(347) schlechthin undenkbar ist.

Die in dem Eingangsgespräch zwischen Eukleides und Terpsion 142 A — 143 C erwähnte Schlacht auf dem Isthmos, aus welcher der verwundete Theaetetos soeben über den Hafen von Megara nach Athen gebracht wird, ward früher allgemein auf eine aus einem der ersten Jahre des korinthischen Krieges bezogen, sei es die zwischen Korinth und Sikyon am Flusse Nemea 394[98]), sei es auf eine aus dem Jahre 393, indem die späteren Kämpfe dieses Krieges wesentlich nur noch mit Söldnern durchgefochten wurden[99]). Erst Munk[100]) und Ueberweg[101]) suchten darzuthun, dass vielmehr der Sieg des Chabrias über Epameinondas unter den Mauern von Korinth im Jahre 368[102]) gemeint sei, und Ueberweg entwickelte noch andere äussere Gründe für eine entsprechend späte Abfassungszeit des Dialogs. Jedoch Schultess[103]) hat ihn schlagend widerlegt[104]).

Ich will hier daher nur das Einzige wiederholen, was wirklich könnte ernsthaft gegen 394/3 zu sprechen scheinen. Theaetetos ist 400 noch ein Jüngling, μειράκιον, 142 C. 143 E, und wenn er andererseits 144 D auch wiederum ἀνήρ genannt wird und die Bezeichnung μειράκιον bekanntlich eine sehr dehnbare ist[105]), so ist er doch noch im Wachsen begriffen, 155 B. C, und noch ohne Bart oder wenigstens ohne rechten Bart, 168 E. Danach können wir ihn uns doch höchstens 20jährig denken. Sokrates soll damals von ihm prophezeit haben, er werde noch einmal ἐλλόγιμος werden, εἴπερ εἰς ἡλικίαν

98) Xen. Hell. IV, 2. Diod. XIV, 83.

99) Xen. Hell. IV, 4, 14.

100) Natürl. Ordnung der platon. Schriften S. 391 f.

101) Untersuchungen S. 227 ff.

102) Xen. Hell. VII, 1, 15 ff. Diod. XV, 68 f.

103) Die Abfassungszeit des platon. Theaetet, Strassburg i. E. 1875.

104) Am Wenigsten darf man aus den Aeusserungen des Eukleides 142 B, dass Theaetetos, mehr noch von der Ruhr als von seinen schweren Wunden angegriffen, kaum noch lebend nach Athen gebracht werde, schliessen, dass er wirklich hieran damals gestorben sei. Denn dass diese Ausdrücke von Platon hyperbolisch gemeint sind, giebt er deutlich dadurch zu verstehen, dass er den Terpsion auf dieselben nur antworten lässt: „welch ein Mann schwebt da nach deiner Aussage in Gefahr!" οἷον ἄνδρα λέγεις ἐν κινδύνῳ εἶναι! sodass sogar dieser sie schon so auffasst. Diese Stelle beweist also, genau betrachtet, gerade das Gegentheil.

105) Symp. 223 A wird der mindestens 28jährige Agathon so genannt.

ἔλθοι, und Terpsion findet diese Prophezeiung bestätigt: καὶ ἀληθῆ
γε, ὡς ἔοικεν, εἶπε. Nun kann freilich ἐλλόγιμος entweder „namhaft,
berühmt" oder auch nur „nennenswerth, tüchtig, ausgezeichnet" bedeuten, und man kann sich hier bei der letzteren Bedeutung zur
Noth beruhigen: Terpsion denkt in der That bei diesen Worten zunächst an die von Theaetetos in der Schlacht bewiesene Tapferkeit.
Aber doch sicher auch nur zunächst, denn wenn er vorher sagt:
„welch ein Mann schwebt da nach deiner Aussage in Gefahr!" und
dann: „es würde seltsam sein, wenn er sich in jener Schlacht nicht
ausgezeichnet hätte!", so wusste, wer so spricht, dass sich Theaetetos
bereits auf anderen Gebieten so ausgezeichnet hatte, dass man danach
auch im Kriege von ihm nur ein Gleiches erwarten durfte. Und
was für Gebiete konnten denn dies sein für einen 26- oder 27jähri-
gen Mann? Das politische doch schwerlich, und wo hätte er denn
sonst Gelegenheit gehabt sich bereits als ein so besonders hervor-
ragender sittlicher Charakter zu erweisen? Wir werden also doch
auf seine wissenschaftlichen, seine mathematischen Leistungen hin-
geführt, zumal wenn wir bedenken, dass dem Sokratiker alle
Tüchtigkeit im Wissen besteht. Dann aber wird ἐλλόγιμος doch wohl
so viel als „namhaft" heissen sollen, und wir sind gezwungen anzunehmen, dass Theaetetos wirklich schon in so jungen Jahren durch
einen Theil seiner mathematischen Leistungen und so auch durch die
ihm 147 C ff. ohne Zweifel anachronistisch zugeschriebene, aber nach-
weislich in der That ihm angehörige Entdeckung sich berühmt gemacht hatte [106]. Das zu glauben ist nun in der That aber wiederum
etwas schwierig, und es würde daher allerdings bequemer sein, wenn
sich die Annahme von Munk und Ueberweg [107] halten liesse.

Aber sie ist schlechterdings unhaltbar. Zunächst ist es schon
fraglich, ob Eukleides, der doch wahrscheinlich älter als Platon war,
368 noch lebte, und jedenfalls machen er und der rüstige Landwirth
Terpsion in jenem Eingangsgespräch durchaus nicht den Eindruck
von Greisen. Es wäre ferner, wie Wohlrab [107b] bemerkte, eine dem
Platon nicht zuzutrauende Abgeschmacktheit der Einkleidung, dass

---

106) Zeller hat sich also in dieser Hinsicht die Widerlegung
etwas zu leicht gemacht.
107) Der übrigens auch Bergk a. a. O. S. 3 f. beigetreten ist.
107b) Ausg. des Theaet. Einleitung.

Eukleides das von ihm aufgezeichnete Gespräch zwischen Sokrates, Theaetetos und Theodoros von Kyrene seinem Genossen Terpsion 32 Jahre später zum ersten Male mitgetheilt haben sollte; es ist ohnehin schon der Wahrscheinlichkeit genug abgebrochen, wenn wir uns denken müssen, dass es 6 bis 7 Jahre später geschah. Und ferner, wie bereits vor ihm Schultess und dann Zeller[108]) geltend machten, „wenn es schon eine starke Zumuthung ist, dass Terpsion zunächst seinem Freunde ansinnt, den Inhalt von solchen vor 6 bis 8 Jahren gewechselten Reden aus der Erinnerung zu berichten, so würde diese Zumuthung vollends alles Mass überschreiten, wenn es sich um Reden handelte, die schon vor 32 Jahren gewechselt waren, und man müsste unbedingt erwarten, dass Eukleides der Erwiderung, so aus dem Gedächtniss könne er sie nicht wiedergeben, eine Hindeutung auf die lange inzwischen verflossene Zeit beigefügt hätte". Und, wie Natorp[109]) nicht minder richtig sagt, obendrein soll ja Terpsion von der Existenz der Aufzeichnung des Eukleides gewusst und es nur aufgeschoben haben, den Freund um die Mittheilung derselben zu bitten, wie er immer sich schon vorgenommen hatte. „Auffällig genug, aber durch die Freiheit, welche sich Platon in solchen Fictionen gestattet, immerhin erklärbar ist es", wenn er in 6—8 Jahren keine Gelegenheit zu dieser Bitte gefunden haben soll, aber mit 32 Jahren „wird die Sache zur völligen Absurdität". Theaetetos war ferner 368 schon 52, mindestens 50 Jahre alt, es ist also kaum denkbar, dass er damals noch als Hoplit aufgeboten wäre. Ja noch mehr, die Athener stellten, wie Zeller hervorhebt, damals gar nicht so viel Krieger, dass sie zu den höheren Aufgeboten hätten greifen müssen, und bei jenem leichten Gefecht, bei welchem sie keine Verluste erlitten, waren nur Söldner und gar keine Hopliten betheiligt, auch keine Gelegenheit eine solche besondere Tapferkeit zu entwickeln. Endlich lebte Theaetetos damals wohl gar nicht mehr in Athen, da er vielmehr, wie wir erfahren[110]), in Herakleia lehrte.

---

108) Schultess a. a. O. S. 30. Zeller Berl. Sitzungsber. 1886. S. 635.
109) Philos. Monatshefte XXV. S. 483.
110) Suid. u. d. W. Θεαίτητος.

Wir müssen uns also damit trösten, dass es doch auch andere
Fälle giebt, in denen Männer der Wissenschaft schon mit 26 bis
27 Jahren berühmte Leute waren. Obendrein aber dürfen wir uns
in diesem Falle die Sache noch unbedenklich durch die Annahme
erleichtern, dass Platon mit dialogischer Freiheit dieselbe so dar-
stellte, wie sie recht eigentlich erst bei der Abfassung des Dialogs
lag, und wenn wir diese auch schon um 390 sollten zu setzen haben,
so hat sie dann bei dem bereits 30 jährigen Manne gar nichts besonders Auffälliges mehr.

Kurz die vollkommen sichere Grenze für den Ursprung des
Werkes nach rückwärts ist mit dem Jahre 394 oder 393 gegeben.
Um die nach vorwärts zu finden, hat man zu der grossen Episode
172 C — 177 C gegriffen, und es hat dies eine lebhafte Discussion
namentlich zwischen Rohde und Zeller veranlasst.[111]). Nämlich
174 E ff. ist die Rede von dem äussersten Adelsstolz der γένη
ὑμνούντων . . . ἐπὶ πέντε καὶ εἴκοσι καταλόγῳ προγόνων σεμνυνομένων
καὶ ἀναφερόντων εἰς Ἡρακλέα τὸν Ἀμφιτρύωνος. Bergk und Rohde
verstanden dies von einer Lobschrift auf einen spartanischen König,
und da nun Isokrates IX, 5 ff. 8 versichert, dass die seine auf
Euagoras das erste Beispiel einer solchen auf einen Zeitgenossen
sei, zogen sie daraus den Schluss, der Theaetetos müsse später als
diese, d. h. nach der Zeit zwischen 374 und 370 geschrieben sein.
Allein ganz abgesehen von der keineswegs[112]) ohne Weiteres zu
bejahenden Frage, ob man dies buchstäblich glauben darf, es ist hier
von einer solchen Art von Lobschrift gar keine Rede, sondern in
pluraler Form von Einem, der sich selbst mit seinen 25 πρόγονοι
von Herakles ab brüstet[113]), und dabei kann allerdings nur an einen

111) Rohde Die Abfassungszeit des platonischen Theaitetos, Jahrb.
f. Ph. CXXIII. 1881. S 321—326. CXXV. 1882. S. 81—90. Philologus XLIX. N. F. III 1890. S. 230 – 240. L. N. F. IV. 1891. S. 1—12.
LI. N. F. V. 1892. S. 474—482. Zeller Ueber die zeitgeschichtl. Beziehungen
des platon. Theaetet, Berl. Sitzungsber. 1886. S. 631 — 649 (vgl. auch
1887. S. 214 f.). Die Abfassungszeit des platon. Theaetet, Arch. f. Gesch.
der Philos. IV. 1891. S. 189—214. Noch ein Wort über die Abfassungszeit des plat. Th., ebd. V. 1892. S. 289 – 301. Vgl. auch ebd. VIII.
N. F. I. S. 124 f. Ph. d. Gr. II⁴. S. 406 f. Anm. Ausserdem s. A. 113.
112) S. darüber Zeller Berl. Sitzungsber. 1886. S. 641 f.
113) Wie dies trotz Rohdes zweiter Abh. Köstlin in Schweg-
lers Gesch. der griech. Philos.³ S. 460 mit vollem Recht bemerkte.

spartanischen König gedacht sein. Bergk und Rohde verstanden den Agesilaos, aber Zeller wies ihnen nach, dass dieser nur 23 Ahnen von Herakles ab hatte, und vermuthete daher, dass vielmehr der junge Agesipolis I. aus dem anderen Königshause der Agiaden gemeint sei, welcher 394 zur Regierung kam, aber noch minderjährig war, so dass er erst später an die Spitze eines Heeres treten konnte, mit welchem er freilich nicht schon 392/1, sondern erst 388/7 siegreich in die Argolis einfiel [114]). Allein Rohde wies seinerseits wiederum nach, dass dieser in Wahrheit auch nur 24 Ahnen hatte, und es blieb Zeller, um seine Hypothese zu retten, jetzt nur noch übrig, dem gegenüber auf die unleugbare Thatsache sich zu berufen, dass πρόγονοι gleichwie das deutsche „Vorfahren" in einem weiteren Sinne neben den Ascendenten auch die Seitenverwandten älterer Linie einschliessen, so dass denn wahrscheinlich jener junge König in jener seiner ruhmredigen Aeusserung, um das Viertelhundert voll zu machen, in diesem Sinne mit Einschränkung auf die Königsliste seinen Stammbaum nach dieser ergänzt habe. Ich halte diese Auslegung nicht mit Rohde für unmöglich, aber ungleich einfacher und natürlicher ist doch die Annahme, dass Platon unter πρόγονοι wirkliche Ahnen verstanden hat, und ich stehe daher nicht an sie festzuhalten. Jedoch den Schluss, welchen Rohde aus ihr zieht, dass also Agesipolis II, der Neffe von Agesipolis I, welcher 371 zur Regierung kam, gemeint und folglich der Theaetetos erst nach diesem Jahre geschrieben sei, kann ich als irgendwie zwingend nicht anerkennen.

Ich stimme nämlich Zeller [115]) ganz darin bei, dass wir nicht wissen können, falls wirklich ein spartanischer König jener Zeiten eine solche ruhmredige Aeusserung gethan hat, ob Platon sie genau wiedergab, ob jener König „nicht etwa sich nur als den 25sten von Herakles ab bezeichnet und erst Platon, der jenen nicht nennt und

S. darüber Zeller a. a. O. S. 642 f., auch Natorp Philos. Monatshefte XXVII. 1891. S. 481 f. Rohde selbst ist hernach auch nicht wieder hierauf zurückgekommen. Ob er damit seine frühere Meinung aufgegeben hat, weiss ich natürlich nicht, für die Sache kommt ja aber darauf auch Nichts an.

114) Xen. Hell. IV, 7, 2 ff. V, 1, 29 ff.

115) Arch. f. G. d. Ph. IV. S. 201 f V. S. 291. Vgl. zum Folgenden auch Natorp a. a. O.

sich daher nicht buchstäblich an dessen eigene Worte zu halten
brauchte, daraus 25 herakleidische Ahnen gemacht hat" [116]). Ich
gehe noch weiter: wir können bei jener unbestimmten Ausdrucks-
weise Platons, der ja gar nicht Historiker sein will, nicht einmal
wissen, ob wirklich einer jener Könige eine solche Aeusserung gethan
hat, es genügt vollständig, wenn Platon nur einen im Sinne hat,
welcher sie thun konnte, und dabei kann er sich ebenso gut ver-
rechnet haben, wie sowohl Rohde als Zeller sich versahen. Noch
mehr, es ist sogar vollständig möglich, dass er dabei recht gut
wusste, dass nicht einmal einer der beiden dermaligen spartanischen
Könige genau in diesem Falle war, und dennoch diesen Fall setzen
konnte. Ja die Analogie spricht sogar dafür, dass er sich hier ebenso
hypothetisch verhält wie zweifelsohne unmittelbar vorher bei Denen,
welche sich ihrer 7 reichen πάπποι rühmen. Mit der Versicherung
Rohdes, dass auf solche Bedenken nur eine bereits vorgefasste
Meinung führen könne, ist doch Nichts bewiesen. Lange bevor
alle diese Erörterungen ans Licht traten, und also doch gewiss vor-
urtheilslos, habe ich diese Stelle stets in dem angegebenen Sinne
verstanden, dass 25 so gut wie unmittelbar vorher 7 eine Rundzahl
im Sinne eines Viertelhunderts ist, ganz gleich, ob sogar die
beiden einzigen Männer, auf die dieser Fall passen konnte, und an
die Platon daher freilich hiebei denken musste, Agesilaos und Agesipolis I, nur 23 und 24 herakleische Ahnen hatten, und ich
halte das noch für das einzig Wahrscheinliche. Man hat bisher das
entscheidende Gewicht der folgenden Worte nicht beachtet: 175 B.
ὅτι δὲ ὁ ἀπ' Ἀμφιτρύωνος εἰς τὸ ἄνω πεντεκαιεικοστός ... καὶ
ὁ πεντηκοστός ἀπ' αὐτοῦ. Wie geradezu lächerlich wäre es gewesen, wenn Platon unter Festhaltung der historischen Zahl 24
nunmehr statt des πεντηκοστός ἀπ' αὐτοῦ den 48sten und auch nur

116) Wenn jedoch Zeller meint, wir könnten auch nicht wissen,
ob nicht Amphitryon mitgerechnet sei, und auch nicht, falls dies nicht gelte,
wie die betreffende Ahnenliste ausgesehen habe, so ist Ersteres durch die
Ausdrücke ἀναφερόντων εἰς Ἡρακλέα und das folgende ὁ ἀπ' Ἀμφιτρύωνος
εἰς τὸ ἄνω meines Bedünkens ausgeschlossen, und dass die Ahnenliste hinlänglich feststeht und auch nicht die geringste Spur auf eine andere,
etwas abweichende hinführt, scheint mir Rohde allerdings genügend dargethan zu haben.

statt des πεντεκαιεικοστό; den 24sten hätte einsetzen müssen! Mit
solchen historischen Erwägungen die Freiheit des Dialogenschreibers
einschränken zu wollen ist einfach ein Unding. Natürlich steht an
sich Nichts im Wege, dass Platon Agesipolis II gemeint habe, und
dass so die Rechnung bis aufs Haar stimme, aber dass er dies
wirklich gethan hat, müsste erst anderweitig bewiesen werden. Dass
ich meinerseits die historischen und beziehungsweise auch gram-
matischen Erwägungen, vorausgesetzt, dass zu den ersteren auch
die sicheren Spuren einer Entwicklungsgeschichte der Lehrstücke,
wie z. B. in der Unsterblichkeitlehre, gerechnet werden, in der
platonischen Frage in die erste Linie stelle, habe ich durch die tief
eingreifende Aenderung meiner Ansichten über die Reihenfolge
der platonischen Werke genügend an den Tag gelegt. Aber erstens
kann ich nicht zugeben, dass sie die allein entscheidenden seien, im
Gegentheil, solange eine mit diesen Mitteln gewonnene Abfolge keinen
irgendwie begreiflichen Gang der inneren, genetischen Entwicklung
im Geiste ihres Urhebers, sondern ein regelloses Hin- und Her-
springen des Verfassers ergiebt, wird der Zweifel nie aufhören und
kann nie aufhören. Zweitens müssen die historischen Argumente
die strengste Kritik vertragen[117]), und das ist hier, wie ich gezeigt
habe, nicht der Fall. Und drittens endlich müssen sie mit den
sprachlichen möglichst zusammenstimmen, und nicht einmal dies
lässt sich hier behaupten. Denn nach Lutoslawskis Stilstatistik
müsste der Theaetetos vielmehr schon bald nach 379 abgefasst sein.
Andererseits freilich, was ich bereits S. 33 hätte hervorheben sollen,
scheint die Entdeckung von Hirmer[117b]) richtig zu sein, dass schon
das 6. Buch der Politeia (198 D. E.) auf den Euagoras des Isokrates
anspielt, folglich nicht vor 374 geschrieben sein kann: soll also nach
der Stilstatistik der Phaedros auch nur nach deren 9. Buche und
der Theaetetos wieder nach dem Phaedros entstanden sein, so würden
wir mit dem Ursprunge des letzteren Dialogs mindestens bis gegen
370 und mit dem des ersteren in den Anfang der Sechzigerjahre

117) Diese Forderung ist um so nöthiger, je mehr in den litterar-
historischen die Phantastereien von Teichmüller und mit starker Einschränkung füge ich hinzu: von Dümmler ein abschreckendes Beispiel ge-
liefert und doch zum Theil ihre Verehrer gefunden haben.
117ᵇ) a. a. O. S. 564 ff.

hinabgerathen. Aber dann wäre der Phaedros erst nach, ja etwa
8 Jahre nach dem Tode des Lysias verfasst, was doch, wie gesagt,
auch Lutoslawski für undenkbar hält, und die übrigen von mir
nachgewiesenen Absurditäten würden dann noch viel grösser werden.
Mit dieser angeblichen historischen Spur ist es also einfach
Nichts. Es bleiben mithin noch die anderen, wirklichen Momente dieser
Art, die zwar nicht Sicherheit, aber doch Wahrscheinlichkeit ergeben.
Dass dies auch von 165 D gilt, dass die Metapher hier in der That
gerade auf die Leistungen der Peltasten unter Iphikrates seit 392
hinzuweisen scheint und nicht auf spätere, hat meines Erachtens
Zeller siegreich [118]) gegen Rohde verfochten, indessen mögen dar-
über immerhin Andere anders urtheilen. So viel aber ist trotz
Ueberweg gewiss, dass jenes Eingangsgespräch zwischen Eukleides
und Terpsion ein litterarisches Compliment, eine freundschaftliche
Danksagung ist, welche, wie C. F. Hermann richtig erkannte, einer
Widmung dieses Dialogs an jene beiden Megariker gleichkommt [118b]),
und dass so Etwas dem schon Bemerkten zufolge nach 371 oder noch
später oder auch nur nach 379 recht unglaublich erscheint. Wenn wir
auch einschliesslich Zellers über die Annahme einer sogenannten „me-
garischen Periode" in Platons Schriftstellerei längst hinausgekommen
sind, wenn wir auch Alle mit Ausnahme Zellers, dessen Gegengründe übrigens zum Theil noch der Widerlegung harren, den Parmenides, Sophisten und Politikos jetzt erst in eine viel spätere Zeit
von Platons Leben und Wirken setzen, so ist doch an seinem durch
seinen Schüler Hermodoros bezeugten Aufenthalt in Megara unmittelbar nach dem Tode des Sokrates nicht im Mindesten zu
zweifeln [119]). Und der persönliche Verkehr mit Eukleides gab ihm
lebhafte Anregung, die er nicht gering anschlug für die Ausgeburt
seiner Ideenlehre, das zeigt uns diese Widmung. Denn der Theaetetos ist ja die Begründung der Ideenlehre, und Eukleides soll ihn
aufgezeichnet haben, indem er diese seine Aufzeichnung vielfach be-
richtigte und ergänzte durch wiederholte Nachfragen bei Sokrates

---

118) S. Zellers Replik Arch. IV. S. 191 f. 198 f. Vgl. Ph. d. Gr. a. a. O.
118b) Vgl. Zeller Ph. d. Gr. II¹, 1. S. 407. Anm.
119) Wie es jetzt wieder Lutosjawski S. 42 ff. ganz oder doch annähernd zu thun scheint. S. Zeller Ph. d. Gr. II⁴, 1. S. 402 ff. A. 2.

(143 B. C), d. h. diese Lehre ist eine Fortbildung der Sokratik aus deren innerstem Wesen heraus. Früher als um 390 können wir nun den Theaetetos nicht setzen, schon weil er, wie wir Alle überzeugt sind, später entstand als der Phaedros, über den er, wie ich gezeigt zu haben glaube [120]), fortgeschritten ist in der Erkenntnisslehre, ja wir werden wohl noch etwas weiter gehen müssen, wenn der Euthydemos und der Kratylos zwischen Beiden Platz finden sollen [120b]). Also lagen zwischen dieser Dedication und dem Besuch in Megara, welcher sie veranlasste, mindestens 9 bis 12 Jahre. Das ist schon auffällig genug, aber ungleich schwerer ist es, sich eine Zwischenzeit von über 20 Jahren oder gar mehr als einem Vierteljahrhundert zu denken. Vielmehr sollte man meinen, wenn Platon in dankbarem Herzen die empfangene Anregung längere Zeit überschätzte, müsste er doch inzwischen so weit ernüchtert worden sein, um einzusehen, dass der wissenschaftliche Gegensatz zwischen ihm und Eukleides ein zu grosser war, als dass es passte, für die Begründung seiner Ideenlehre den Letzteren als Depositär darzustellen, und zugleich müsste er doch eingesehen haben, dass die litterarische Danksagung nachgerade allzu spät kam. Und nicht minder schwer fällt der Gedanke, dass der Preis der Tapferkeit des Theaetetos gegen 15 bis 20 Jahre oder noch später dem Beweise derselben nachgefolgt sein sollte, während man ganz natürlich auf eine kurze Zwischenzeit von 3 bis 6 Jahren geführt wird, in welcher die Sache noch in frischer Erinnerung stand. So viel ich sehe, wäre die einzige Ausrede,

---

120) De Plat. Phaedr. S XI. Auch der Theaetetos geht noch davon aus, unter αἴσθησις das Wahrnehmungsurtheil mit einzubegreifen. Denn nur so ist die Behauptung möglich, dass die Lehre des Protagoras auf die Auffassung der ἐπιστήμη als αἴσθησις hinauslaufe. Die Folge davon ist aber, was schon Andere bemerkt haben, dass Platon bei der Darstellung und Kritik dieser Lehre wiederholt genöthigt wird, das δοκεῖν einzumischen. Erst der zweite Theil dieses Dialogs kommt dazu, das Wahrnehmungsurtheil der δόξα als niedrigste Stufe einzuverleiben.

120[b]) Wie dies nach mir Zeller und beziehungsweise Stallbaum und Peipers angenommen haben. Anders läge die Sache, wenn man mit Schleiermacher und Natorp Arch. f. Gesch. d. Ph. III 1890 S. 350 ff. diese beiden Dialoge vielmehr auf den Theaetetos folgen lassen müsste. Ich kann hier auf diese Frage noch nicht näher eingehen und bemerke nur, dass ich wenigstens für den früheren Ursprung Beider auch die Stilstatistik auf meiner Seite habe.

welche hier bliebe, die, es sei ja möglich, dass er kurz vorher gestorben und dies also ein Stück Nekrolog mit der Hinweisung auf eine schon früher bestandene Lebensgefahr sei[121]). Aber auch schon der vorige Punkt allein genügt vollständig zu einem starken Wahrscheinlichkeitsergebniss.

Und dies Ergebniss wird durch alle inneren Gründe bestätigt. Im Phaedros ward, wie gesagt, die Ideenlehre eingeführt, aber noch in mythischer Hülle. Der Kratylos macht allerdings von ihr bereits ausgiebigen Gebrauch, aber doch nur der Vorfrage wegen, mit welchem Recht der Philosoph von den Benennungen der Dinge auch für die Ideen Anwendung nehmen darf, und mit dem deutlichen Hinweis am Schlusse darauf, dass die Begründung dieser Lehre noch aussteht. Der Theaetetos erfüllt, wie gesagt, diese Aufgabe. Im Phaedon wird die Ideenlehre daher, wie auch schon gesagt, bereits von vorn herein als festgestellt angesehen, und wenn der Theaetetos zeigte, dass die Erkenntniss nicht aus der Erfahrung geschöpft werden kann, sondern rein a priori ist, so schien dem die Thatsache zu widersprechen, dass doch bei jedem Menschen, der überhaupt zur Erkenntniss gelangt, diese zuletzt kommt nach vielem Wahrnehmen und Meinen, so löst der Phaedon diese Schwierigkeit durch die Präexistenz und Anamnesis und handelt überhaupt von der Seele nach Seiten ihrer Verwandtschaft mit den Ideen[122]). Und dann wird in der Republik auf dem Grunde dieser so gewonnenen theoretischen Philosophie die praktische auferbaut, bei dieser Gelegenheit aber auch noch die Ideenlehre selbst wenigstens in ihren

---

121) Denn dass sich dann die Vermuthung, er sei schon 394/3 seinen Wunden und der Krankheit erlegen, aufdrängen würde, kann ich Natorp Philos. Monatsh. XXVII. S. 482 nicht zugeben. Denn seine mathematischen Verdienste sind ja nicht vergessen, sondern werden hernach genügend gefeiert. Im Uebrigen verweise ich auf die genaueren Ausführungen Zellers, wiewohl ich denselben nicht durchweg beizustimmen vermag.

122) Ob das Symposion, eine rein populäre Schrift, unmittelbar vor oder unmittelbar nach dem Phaedon geschrieben ist, lasse ich wenigstens einstweilen auf sich beruhen. Dass Beide unmittelbare Nachbarn sind, dafür sprechen glücklicherweise auch die Resultate der Sprachstatistik. Sollte der Gorgias wirklich erst in den Achtzigerjahren entstanden sein, so würde man ihn wohl zunächst an den Theaetetos anreihen müssen. Doch, wie gesagt, darüber kann und will ich hier noch nicht reden.

höchsten Spitzen genauer systematisch ausgeführt [123]. So wird Alles klar und verständlich, während eine grössere Confusion kaum gedacht werden kann als die, dass Platon die Ideenlehre im Phaedon als eine schon von vorn herein ausgemachte Sache hinstellen, dann in der Republik sofort zur praktischen Philosophie überspringen und dabei schon das System der drei höchsten Ideen ausführen, dann hinterher im Phaedros trotzdem die Ideenlehre noch erst mythisch ankündigen und endlich einmal im Theaetetos sie auch beweisen soll. Glaubt man wirklich, dass er auch in seinem mündlichen Unterricht ein so unmethodisches Verfahren eingeschlagen habe? Nun soll ja aber doch, seit er ihm ertheilte, seine Schriftstellerei nach dem Schlussabschnitte des Phaedros 274 B — 278 B eine Repetition (ὑπόμνησις) desselben sein, musste also doch wenigstens auch einen methodischen Gang nehmen und nicht hin und her irrlichteriren. Die Herren Sprachstatistiker mögen mir also verzeihen, wenn ich mich nicht bloss in Bezug auf den Phaedros, sondern auch auf den Theaetetos mit ihren Resultaten nicht zu befreunden im Stande bin.

Das Eingangsgespräch ist offensichtlich nur als Einleitung des Theaetetos gedacht. Wenn daher, wie es scheint, Zeller [124] aus dem jetzigen Ende 210 B—D. ἐὰν τοίνυν ἄλλων -- νῦν μὲν οὖν ἀπαντητέον εἰς τὴν τοῦ βασιλέως στοὰν ἐπὶ Μελήτου γραφήν, ἥν με γέγραπται· ἕωθεν δέ, ὦ Θεόδωρε, δεῦρο πάλιν ἀπαντῶμεν schliesst, dass Platon schon bei Abfassung dieses Dialogs die Anknüpfung der Fortsetzungen Sophist, Staatsmann, Philosoph beabsichtigte, so kann ich ihm hierin nicht folgen. Diese Schlussbemerkung knüpft daran an, dass man nur gefunden habe, was die Erkenntniss nicht ist; und ganz ähnlich lautet im Zusammenhang mit dem mangelnden positiven Ergebniss im Protagoras der Schluss, ein ander Mal wolle man über denselben Gegenstand weiter sprechen. Aehnlich liesse sich die Sache also trotz Zellers Gegenbemerkungen wohl auch hier

---

123) Ich habe mich hier absichtlich der äussersten Kürze befleissigt und bitte meine Leser, Natorp Arch. f. G. d. Ph. III. S. 515 f. A. 2. u. a. O. S. 483. Philologus XLVIII. S. 607 f. zu vergleichen. Wenn es nöthig werden sollte ausführlicher zu sein, so wird sich ja hoffentlich in einer Fortsetzung dieser meiner neuen plat. Forschungen eine Gelegenheit dazu finden.

124) Ph. d. Gr. II⁴, 1, S. 544 f. Anm., der darin allerdings Recht hat, dass man sich auf den Schluss des Laches dagegen nicht berufen darf.

denken ungeachtet des bestimmteren Ausdrucks „morgen". Indessen liegt sie doch wahrscheinlich anders. Peipers [125]) und Herm. Schmidt [126]) haben dargethan, dass dieser Schluss allem Anschein nach nicht wohl mit dem Anfange zusammenpasst. Denn wenn es auch im Eingangsgespräch 143 A heisst, Sokrates habe nicht lange vor seinem Tode den Theaetetos kennen gelernt, so macht doch jener weitere Bericht des Eukleides, er habe das Gespräch zwischen Beiden und dem Theodoros sofort sich aufgezeichnet und dann diese Aufzeichnung, so oft er nach Athen kam, durch Nachfragen bei Sokrates zu vervollständigen und berichtigen sich bemüht, entschieden den Eindruck, als ob noch eine längere Zeit bis zur Gerichtsverhandlung verstrichen sei. Dazu stimmen die Worte ἐὰν τοίνυν ἄλλων μετὰ ταῦτα ἐγκύμων ἐπιχειρῇς γίγνεσθαι, ὦ Θεαίτητε, ἐάν τε γίγνῃ, βελτιόνων ἔσει πλήρης διὰ τὴν νῦν ἐξέτασιν, ἐάν τε κενὸς ᾖς, ἧττον ἔσει βαρὺς τοῖς συνοῦσι καὶ ἡμερώτερος, σωφρόνως οὐκ οἰόμενος εἰδέναι ἃ μὴ οἶσθα durchaus nicht zu der ganzen sonstigen Charakteristik des Theaetetos, s. besonders 143 E f. Es ist daher kaum zweifelhaft, dass dieser ganze Schluss in nicht besonders geschickter Weise dem Dialoge erst nachträglich angesetzt ist, als Platon anfing den Sophisten zu schreiben und nun eine tetralogische Ankittung desselben und dann weiterhin des Staatsmannes und des projectirten Philosophen an den Theaetetos für zweckmässig erachtete. Dies spricht denn von Neuem wenigstens dafür, dass der Theaetetos ganz beträchtlich früher geschrieben ist als der Sophist. Aber auch die Einschaltung von 183 C. μὴ πρίν γ᾽ ἄν, ὦ Θεόδωρε — 184 B. ἀλλὰ χρή, εἰ δοκεῖ, οὕτω ποιεῖν stammt, wenn ich nicht irre, erst aus dieser späteren Zeit. Wer freilich die Zusammenkunft des jungen Sokrates mit dem greisen Parmenides für eine geschichtliche Thatsache hält, kann an dieser Stelle keinen Anstoss nehmen. Wenn man sie aber, wie ich mit Anderen thue, als eine blosse Erdichtung Platons betrachtet, so wird man wohl ohne Weiteres zugeben, dass ihre Erwähnung an dieser Stelle nur für Leser verständlich sein konnte, denen auch der Dialog Parmenides bereits vorlag. Umge-

---

125) Die Erkenntnisstheorie Platons, Leipzig 1874. S. 691 ff.
126) Exeget. Commentar zu Pl. Th., Leipzig 1880 (Jahrb. f. Philol. Suppl. N. F. XII). S. 190.

kehrt scheint im ersten Theil auch ein Stück gestrichen zu sein.
Denn in der grossen Episode heisst es 172 D: ἡμεῖς νυνὶ τρίτον
ἤδη λόγον ἐκ λόγου μεταλαμβάνομεν, was doch wohl nur bedeuten
kann, dass schon zwei andere Episoden voraufgegangen sind, ich
wenigstens vermag aber nur eine zu entdecken, nämlich die über
die Mäeutik des Sokrates 148 E — 151 D. Gerade die Flüchtigkeit
der Ueberarbeitung, vermöge welcher diese so leicht zu tilgende
Spur einer Umgestaltung stehen geblieben und ein so unpassender
Schluss dem Ganzen angeleimt ist, dürfte aber beweisen, dass dasselbe weiter keine Veränderungen als diese drei erlitten hat und im
Uebrigen geblieben ist, wie es ursprünglich war. Nur für die Ur-
sprünglichkeit der Einlage 155 E. ἔθει δὴ — 156 A. μυστήρια λέγειν,
welche neuerdings einen geradezu verhängnissvollen Einfluss ausgeübt und nach meiner Ueberzeugung auf arge Irrwege geführt
hat, möchte ich nicht einstehen. Das bedarf aber einer weit aus-
holenden Begründung. Jedenfalls kann diese Zwischenbemerkung
schwinden, ohne die geringste Spur zu hinterlassen, nur muss Platon
dann ursprünglich ἡ δ ἡ ἀρχή geschrieben haben, was aber auch,
wenn er sie schon ursprünglich hinzufügte, angemessener als ἡ δὲ
ἀρχή sein würde.

Das bisherige Ergebniss ist also ein doppeltes. Erstens der
Theaetetos kann nicht füglich später als etwa 387 entstanden sein,
und zweitens der Menon, der Phaedros und die Sophistenrede des
Isokrates sind entweder 395/4, 394/3 und 392 oder Anfang 392,
391 und 390 verfasst. Falls nun auch die Annahme richtig ist,
Platon habe zwischen Phaedros und Theaetetos den Euthydemos
und den Kratylos geschrieben, so stellt sich der letztere Ansatz von
Neuem als überaus unwahrscheinlich dar, und ich fürchte dann, dass
die Gestaltung der Anytosscene im Menon vollständig auf uns unbekannten Vorgängen beruht und nicht, wenn es auch noch so sehr
scheinen möchte, aus einer Berücksichtigung der Κατηγορία Σωκράτους
des Polykrates zu erklären ist[122]).

---

122) S. 16. Z. 1 f. ist übrigens für: die einzige noch übrige zu
lesen: diese.